なぜ、今「子育ち支援」なのか

子どもと大人が育ちあうしくみと空間づくり

〔子育ち学ネットワーク〕

深作拓郎＋鈴木智子＋星野一人

松井茜＋神田奈保子＋阿比留久美

安倍大輔＋栗山究＋井上恵子

編

学　文　社

執筆者一覧

*深作拓郎	子育ち学ネットワーク代表, 弘前大学専任講師
*鈴木智子	帝京科学大学専任講師
*星野一人	子育ち学ネットワーク事務局長, 日野市民法律事務所事務局員
小木美代子	日本福祉大学名誉教授
佐藤修	コミュニティケア活動支援センター事務局長
*松井茜	社会福祉法人台東区社会福祉事業団
*神田奈保子	学校心理士（補），幼稚園教諭専修・保育士
吉成信夫	岩手県立児童館いわて子どもの森館長
松本末枝子	の～びる保育園副園長
肥後知子	の～びる保育園保育士・栄養士
則松和恵	特定非営利法人野の花館理事
小林夕紀恵	埼玉県スポーツ少年団リーダー会検討委員
渡部達也	NPO 法人ゆめ・まち・ねっと代表
*阿比留久美	早稲田大学助手
*安倍大輔	子どもスポーツ研究者
*栗山究	早稲田大学大学院
西川正	NPO 法人市民活動情報センター ハンズオン埼玉
*井上恵子	大学非常勤講師・研究員

（*印は編集委員／執筆順）

カバー表紙絵・挿絵（p.ix, 121, 196） 松田素子

はじめに

ランキングに縛られる「子育て」

二〇〇七年一〇月下旬、同年五月に実施された「全国学力テスト」の都道府県別のランキングが発表されました。ちょうどその時、私は、仕事の関係である地方にいました。ホテルで朝食を食べている時に聞こえてきた会話は、「ウチの県は〇〇位、学校はナニやっているんだ、まったく…!」と。後日、別の自治体の教育委員会事務局の方や小学校の校長先生からも「ウチは全国平均より…」「ウチは管内では…」という内容が社交辞令の如く登場してきました。これに関連して、東京都のある特別区教育委員会では、各学校の学力テストのランキングに応じて、次年度の予算配分をしていくと表明し、これに危機感を感じた学校長が、特別支援対象の児童・生徒を欠席扱いにしてテストを受けさせなかったというニュースも話題となりました。このテストが五月に実施されたときには、賛否両論さまざまな意見がマスコミを賑わせました。あるラジオ番組を聴いていたのですが、そこで出てくる意見は、学力低下への危惧や競争の必要性の有無が中心でした。

私は、これらのことに違和感を覚えました。なぜそう感じるのかというと、「学習習熟度」を把握することと競争は同じ土俵で語ってよいのかということです。学校で習得する知識について、何が理解できていて、弱いところはどこなのかなどを把握することはとても大切なことです。その意味でのテストは意味があると思います。ですが、ついつい注目してしまうのは「順位」です。仮に四七都道府県での競争は、一位から四七位のどこにランクインするかという議論になってしまい、真の目的はついつい置き去りにされてしまうのです。つまり、「習熟度」の底上げなのかランキングなのか、私たち大人が混同しているのです。

私は第二次ベビーブームの世代です。高校・大学受験では「偏差値」「合格圏」といった指標に一喜一憂し、就職活動期はバブル経済の崩壊による「就職難」でした。その世代が三〇代となり、結婚をして家庭をもちはじめています。順位づけに慣れているせいか雑誌では「病院ランキング」「私立小学校の受験に強い幼稚園ランキング」、テレビのバラエティー番組でも「芸能人ランキング…」が多数扱われています。バラエティー番組ですので、意味合いやら理由づけは低いのでしょうが…。

順位づけでいったい本質は見えてくるのでしょうか。

子どもの育ちにおける「競争」

「競争」を一概には否定しません。それは、元来子どもの育ちの過程には「競い合い」があるからです。ここでいう「競い合い」は「切磋琢磨」と言い換えることもできます。

子どもがいちじるしく成長・発達するのが、「第一次社会化」と言われる幼児期から児童期にかけての時期と、「第二次社会化」と言われる学童期であるとされています。第一次社会化では、主として、言語や基本的な生活習慣を習得するとされ、家族、特に兄弟のしぐさを模倣したり、あるいはケンカをしたりして学習し、次第に社会が広がっていきます。兄弟が少なくなった現代では、保育所や幼稚園がその役割を担っているとも言えるでしょう。

やがて学童期＝学校に入学する頃になると、同年代＝数歳位の幅で友だち付き合いが広がり（異年齢集団）、多様な性格の人間の存在を知ると同時に、遊びやけんかなど、さまざまな場面で人間関係づくりを繰り返し経験します。遊びにも、集団の維持にもルールが伴うので、自分たちで自前の決まりを作り、自治の力が培われます。これが「ギャングエイジ」と呼ばれる時期です。

「ギャングエイジ」期の特徴は、他の子どもたちと徒党を組んであそびを中心とした集団活動が展開していくことです。そこでは、社会的勢力の差異がない水平構造によるヨコの人間関係が主となります。つまり、集団内部の構造は、個々の成員の能力にて決定するのです。対等な関係であって個々の能力が重要であれば自然と「競い合い」や「葛藤」が発生します。この競い合いや葛藤は、これまで家庭を中心に培ってきた、「独自のものの見方」を修正するきっかけともなります。

ギャングエイジ期の集団的遊戯活動は、相互の協力・競争・妥協を繰り返し経験することで、コミュニケーション構造を体験するのであり、つまりそれは、社会での対人関係能力を培っていくのです

子育ちの基盤は「地域」

ここで紹介してきた過程は、家庭や学校だけではなかなか経験できません。地域における生活を基盤として繰り広げられるものです。残念ながら、日本では高度経済成長の進展に伴い、一九六〇年代後半

頃から、地域で人のつながりをつくることが難しくなっています。

私の好きな映画の一つに山田洋二監督・渥美清主演の『男はつらいよ』があります。この映画では、主役の寅次郎と甥の満男の関係、帝釈天の門前町に暮らす人々との人間関係が描かれています。風来坊（映画では「渡世人」と自らを呼んでいる）の寅次郎が、ふらっと戻ってきたときに「寅さん、おかえり」と迎え入れ、佐藤蛾次郎が演ずる源公はもともと身寄りが無く居場所がなかったのですが、帝釈天の使用人として受け入れられたりしています。甥の満男が思春期に自分の生き方に疑問をもちはじめた頃から、周囲では「ダメなおじさん」と言われる寅次郎に強い関心を抱き始め、やがては一緒に旅をするなどして、生き方の参考にしていきます。周囲では「ダメな寅次郎」であっても満男にとっては「頼りになるおじさん」になるわけです。これは、社会学でいえば「準拠者」「重要な他者」に当てはまるのではないでしょうか。

この映画では、豊かな人間関係による影響力が描かれていると言えるでしょう。日本各地の地域性や「お互い様」と言い合える人間関係があります。今日の私たちの生活ではなかなか考えにくいことです。でも私たちは、心のどこかでそれを望んでいるのではないでしょうか。

日本は社会構造が大きく変貌したことにより、地域社会が弱体化してきました。地域の環境や人間関係を経験できないことにより、子どもの育ちの「歪み」がみられるようになり、それを危惧する人たちの手によって、子ども会や少年団、子ども劇場・おやこ劇場、おやこ文庫などの地域での社会教育活動が繰り広げられるようになっています。これは、あそびや体験活動などを通して、多様な人間関係に触れ、家庭や学校ではなかなか経験できない自然体験や社会体験をすることで、子どもの豊かな育ちを文えようとするものです。地域の人間関係が希薄となった今日、子どもだけでなく大人の人間関係をつなぐという意味でもさらに注目されています。映画のような、あるいは日本が古くから培ってきた地域社会を中心とした人間関係の再生は難しいのですが、「志」によってつながった人間関係から発信することで、さらに豊かなつながりを「子育ち支援」の実践から創生する可能性はあると考えています。

最近、我が家のリビングが面白いことになっています。ふとしたことがキッカケで、一年ぐらい前から小学生と浪人生の学習サポートを行うようになりました。最近では、中学生や高校生も多数来るようになりました。異年齢の子どもたちが、いろいろな会話を交わしながら学習しています。学校への不満から将来の夢、時には「恋バナ」まで。先日は、高校生の女子生徒が男子中学生に「女の子の気持ち」を説教していました。学校や学習塾では味わえない、ムダ話あり、笑いあり、時には共感しあったりして、身体もこころも解放して相互の学び合いができる場、いろんな野菜が入った芋煮鍋（学生時代に仙台で体験した名物）のような空間が生まれつつあります。

私たち〈子育ち学ネットワーク〉では、「子育ち」の視点に立ち、さまざまな視野から子ども自身が育つ力を尊重した地域での豊かな実践と先端の研究を積極的に取り入れて結合させていこうと士気揚々に若手の研究者と実践者が集い、二年以上の交流研究を続けてきました。

本書は、その想いと研究活動の一端をまとめたものです。

本書は3部構成となっています。第1部の総論編では、「子育ち」の概念を教育・発達心理・政策動向から探っています。

第2部は、全国各地で取り組まれている子育ち支援の実践から五つを選び紹介しています。これらの実践には、いくつかの共通項があります。それは、子どもの育ちを支えるための視点であり、それに取り組む大人の姿勢でもあります。

第3部は、編集委員によるそれぞれの視点から探る「子育ち」の論考です。子どもの育ちは、教育学や心理学だけは網羅できない学際的要素があります。そこへのチャレンジの意味も兼ねています。まだ途中経過ですので、理論も稚拙な域を拭いきれませんが、志をもつ武士（もののふ）の意気込みを汲み取っていただければ幸いです。そして、忌憚の無いご意見をいただければと思います。

最後になりましたが、本書の刊行にあたり玉稿をお寄せくださった執筆者の皆さん、表紙の絵や挿絵をお引き受けくださった松田素子さんに御礼を申し上げます。

そして、学文社の三原多津夫さん、落合絵理さんをはじめ製作にかかわってくださった方々のご尽力があって、この本が刊行できました。深謝を申し上げます。

二〇〇八年六月　自宅のリビングに集う子どもたちの表情から季節を感じつつ

編集委員を代表して

深作　拓郎

もくじ

第1部
総論編

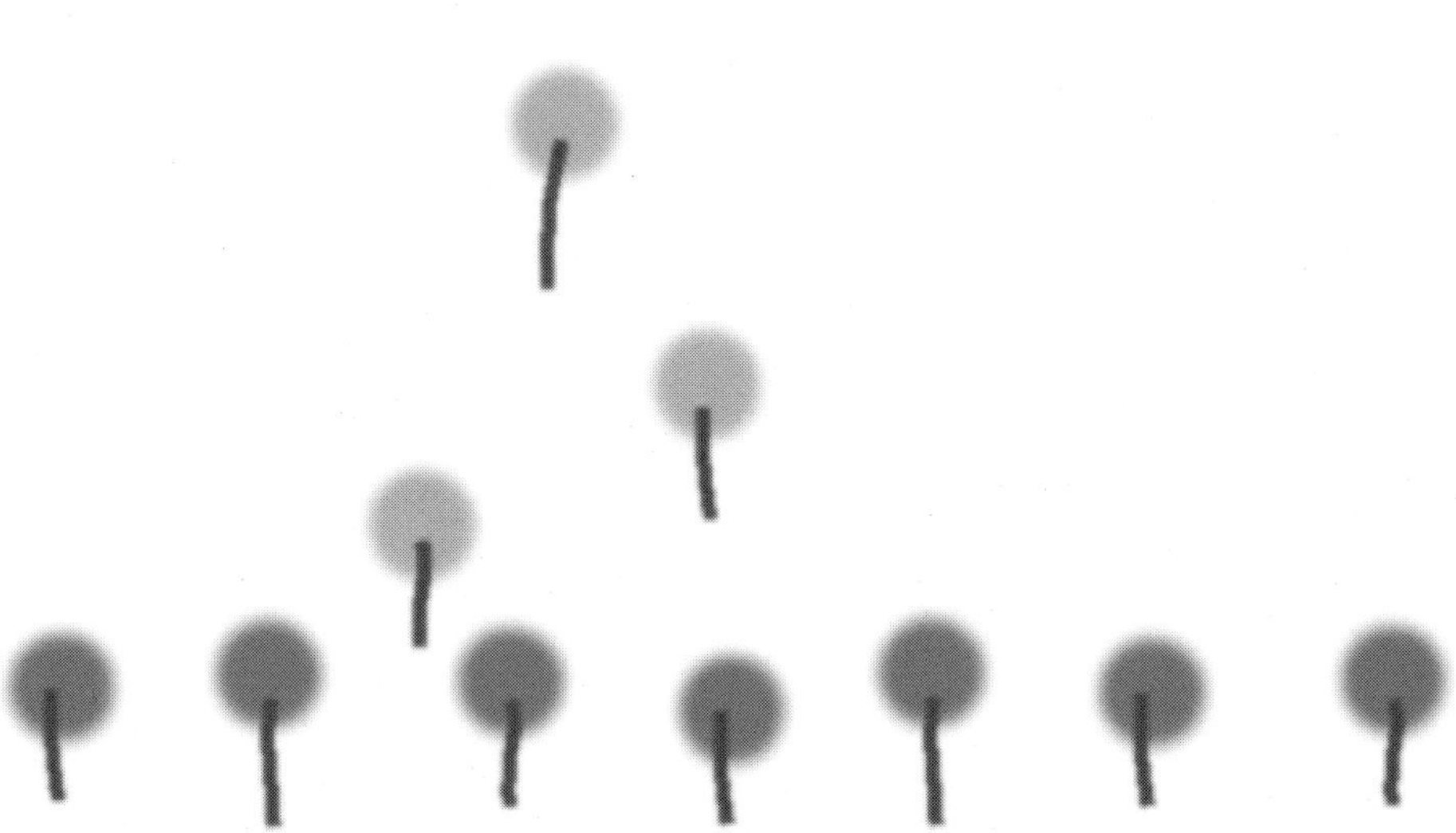

1

子育ちとは何か
――子どもたちの豊かな育ちと教育

深作　拓郎

1　はじめに

「学校週五日制」がスタートしたのは一九九二年。二〇〇二年には土曜日がすべて休業日となりました。学校だけに捉われず、生活圏でもっとのびのびと育って欲しいとの想いとも重なり、地域の教育力の回復も期待されました。「ゆとり教育」も導入され、社会人として身につけるべき基本的な知識の習得をはじめ、一人ひとりが興味・関心のあることを発見し、調査・考察を深めて創造力を高める力の育成、学校だけに偏らず家庭と地域が総合して人格形成も目標にされていました。背景には、無気力、幼児化、個人主義化、規範認識の低下、自分の意思を表すことや人間関係をつくったり調整したりすることが不得手という現象が顕著にみられるようになったことがあります。いじめ問題や自殺者の増加、少年事件の凶悪化などの特異的な問題では語りつくせなくなったのです。「学社連携・融合」が叫ばれたのもこの時ですが、学校だけに偏らない、家庭・地域が一体となって子どもの育ちの保障をしていこうという風潮が出たからなのです。

一方では、心の教育の一環として「奉仕活動の義務化」も唱えられました。「心を鍛えることが必要だ」「地域に奉仕する気持ちが足りない」という論者も多数いました。それらをせっかちに要求すること自体、疑問を抱きます。

「ゆとり教育」、特に「総合的な学習」の時間が有効に活かせなかったことは、指導・支援する教員をはじめ私たち大人が受験知の獲得こそが教育であり、ランキングが自分の位置を知る手がかりとして浸透しているからであり、それを創造し、成果をあげるまでの工夫が足らなかったからです。学校現場が忙殺されていたことも拍車をかけています。「奉仕活動」を唱える人たちも同様で、せっかちに展開や結果を求めているのです。

本当に必要なのは、ゆるやかに地域で子どもが育つ環境を整えることです。子どもたちの豊かな育ちの環境を創造することを通じて、私たち大人のあり方も創造していくということ。「ゆるやかに・おおらかに」に意味があります。子どもも大人も「時間」がないために、一目瞭然の順位や数値を求めてしまいがちですが、プロセスを共有できる人間関係ほど意味があると思っています。つまり、そういう関係を地域に張り巡らせることがいま求められているのではないでしょうか。本章では、教育、特に社会教育の視点から「子育ち」について考えていきます。

2　子どもを育む新たな概念としての「子育ち」

私は、社会教育学の立場から、地域における「子どもの育ち」＝「子育ち」についての研究をしています。「子育ち」という用語は近年少し聞かれるようになってきましたが、まだ一般的な言葉としては浸透していません。

この言葉を最初に使ったのが、小木美代子さんです。小木さんは、一九九〇年代前半までの政策動向を概観し、「子どもの立場に立っていない」「そもそも『子育て支援』という言い方そのものが、子どもを育てる側への支援をすることを表している」として、「児童館・学童保育の主体は子ども自身であり、児童館や保育所の子どもたちを支援するのであれば、『子育ち支援』、政策的には『子育ち支援＋子育て支援』でなければならない(1)」と提起しました。

この提起を受け、小木さんを含む社会教育研究全国集会の「子ども分科会」の世話人らで構成する「子どもと社会教育の会」にて、社会教育の立場から検討がなされました。この検討の成果は、白井愼・小木美代子・姥貝荘一編著『子どもの地域生活と社会教育』（一九九六年）にまとめられました。そして小木美代子・立柳聡・深作拓郎編著『子育ち学へのアプローチ』（二〇〇〇年）において「子育ち学」が誕生し、小木美代子・姥貝荘一・立柳聡編著『子どもの豊かな育ちと地域支援』（二〇〇二年）において「子育ち学」の全体像が鮮明になりました。この「子育ち学」とは何か？「子育ち学」提起の中心である立柳聡さんは次のように説明しています(2)。

子育ち学の対象となる子どもを「一八歳まで」と規定しています。これは、「児童」を規定した児童福祉法にもとづいていること、今日「子ども」の大半が在学青少年であること、発達の過程にあり、大人の支援が必要であること、そして、子どもの権利とその位置づけを挙げています。

それをふまえ、「子育ち」は、成長・発達する主体は子ども自身であり、子どもの主体形成を子どもの側から捉え直すという考えにもとづいています。「地域」における健やかな子どもの育ちの環境を築くためには、社会教育・学校教育・福祉・文化各領域を横断的に捉えた新たな視点を築くことと、かつ原理的探求や評論に終始することなく、実践に即した学問体系を新たに構築する必要性を唱え、「子育ち学」における実践と理論化の方法を「アクションリサーチ」に求めています。

これ以降も、子育ち学の概念についてより深い検討がなされ、小木美代子・立柳聡・深作拓郎・星野一人編著『子育ち支援の創造』（二〇〇五年）が刊行され、今日に至っています。

3　「一人前」の人間を育む力としての「子育ち」

（1）子どもの「社会化」

子どもの育ちを考えていくにあたり、「成長・発達」を指す言葉には、さまざまな指標がありますが、ここでは「社会化」（socialization）を挙げたいと思います。「社会化」とは「個人がその社会のメンバーとなるため、学習や経験を積み重ね、一人前の人間として期待される知識や技能、人間関係のルール、文化（生活様式）などを身につけていく過程」をさします。これは、先天的に獲得されたものではなく、後天的に獲得されるもの、つまり生まれた後にさまざまな学習を通じて培われていくのです。

人間が、社会化を獲得していくには、おおよそ三つの段階があるとされています。最初が乳幼児期で、主として言語や基本的な生活習慣を習得します。家族が学習の中心の場であり、家族という単位社会での規範や価値観が形成されます。大人（親）の関与が最も強く、「しつけ」と称しておおむね一方的に習得させられていきます。

その次が学童期で、同じ年や近い年齢層での交流、他の子どもたちと徒党を組んで集団活動を展開する友だち付き合いが盛んな時期です。「ギャングエイジ期」ともいわれます。ここでは、集団遊びやけんかなどを繰り返し経験することで、集団活動を通して相互の協力・競争・妥協などといったコミュニケーション構造を経験し、家族や個人が形成した価値観が崩れ、包括的・客観的な価値観形成や対人関係能力を養っていきます。

最後が、児童期後期から青年前期のいわゆる思春期ともいわれる時期です。行動範囲が拡大し、同世代・地域・学校・メディアなどに広がっていきます。抽象的な思考力も高まるので、書物を通じた人生や価値観との出会いも生じます。まさしく自分らしさ・自分の生き方の探求も始まります。

(2)「一人前」の人間に育む地域

「社会化」とは、言い換えれば「一人前」になることをさすといってもよいでしょう。地域における人間形成の目標として「一人前」の概念について研究している堀内守さんによると、「一人前」や「一丁前」とは、ムラが子どもたちを育てるための集団的な教育目標であるといいます。そこでの目標は、①村落共同体が成員に期待している「作業能力」、②共同体の規範や習慣に従って行動する「社会能力」の二つであり、家庭と学校とムラはほぼ共通の教育目標をもっており、学校教育と社会教育の間には連続性があったこと、または「牧歌的」な関係がみられたといいます。(3)

江戸研究をしている高橋敏さんは、「ヒト」を人間にすることにおいて、江戸文化は遥かに優れていたといいます。その理由として、「文字文化習得の寺子屋」「広汎に成立した家と家族」「村や町の地域」が時には競合しながらもゆるやかに連携してひとつの教育組織を形成していたことを挙げています。[4]

伝統的にみれば、お祭りをはじめとする地域で行われる行事が多数ありました。それらの行事を担うことで、子どもたちは団結し、年上の子どもや青年・大人たちとの交流や指導を受けながら、責任を果たしていき「一人前」として認められるための地固めを行っていたのです。異年齢の子ども集団内の付き合いと、こうした大人たちとの交流を通して、「規範」を含む地域の文化が伝承されてきたのです。東北各地に残る地域の子ども祭事を研究する江馬成也さんは、子ども組織の教育機能について、①自立性の涵養、②他者への評価や自分の力を認識しようとする能力、③仲間同士との協調や連帯の育成、④掟（ルール）の存在、⑤判断力や創造力の育成、⑥驚きや新鮮な感覚をつくり、豊かな感性を養い、勇気をもつことの必要さを学ぶ、⑦伝統的な地域文化の伝承と継承の場と七つを掲げています。[5]

これらの教育慣行は、長い歳月の間地域社会の生活と密着していただけに、個性的でかつ豊かな文化の背景をもっていました。地域の文化を、仲間活動を通じて、先輩から後輩たちへと受け継がれ、共有していったのです。自分たちの住んでいる地域を知り、そこでの生活に親近感を覚え、地域を大事にするという心も育まれたのではないでしょうか。

しかし、「一人前」が実体として消滅した（消滅しかかっている）現在、こまやかな人間関係と素朴な人情が残る「地域」を連想するのではなく、「一人前」に育む教育システムを新たな視点、新たな内容で創造していくことが求められています。

（3）「子育ち」は「子育て」に内包されるのか

社会教育の立場から子ども研究に取り組んでいる増山均さんは、「子育て」と「子育ち」の概念について、次のように説明しています。「子育て」の側面と内容について、①親・大人世代が子どもを一人前の社会的な主体へと導き育てること、②子どもたち自身の関係性のなかで、相互に切磋琢磨し、仲間集団のなかでの練り上げによって「子（どもたちが）育て（あう）」営み、③子ども・子どもたちを育てる営みを通じて、親・大人世代が「子（どもたちに）育て（られる）」、と三つを掲げ、「〈子育て〉の用語は、これら三つの側面が密接不可分に結合したものであり、どの一つが欠けてもその内容を豊かにすることは出来ないものであり、従来の〈子育て〉の用語のなかに〈子育ち〉の側面は含まれる(6)」というのです。

これまでみてきたように、「社会化」・「一人前」に育む地域の教育慣行は、意図的・無意図的両方の要素をもち合わせていました。その点では、増山さんの問題提起はそのとおりでしょう。

私は、茨城県の海沿いの町で育ちました。住んでいた地域は農村地帯でほとんどの家が農家を営んでいました。海・林・沼・畑で四季折々のあそびに興じました。そのなかで、いまでも印象深いのが盛夏の「虫取り」です。早朝や夕方に林（特にクヌギ林）へ行くと、カブトムシやクワガタがたくさん獲れました。最後は、それぞれが獲ったものを集めて、種類ごとに分けて、じゃんけんをして順番を決め、欲しいものを一匹ずつとりあうというルールです。だいたい四種類（カブトムシの雄・雌、ノコギリクワガタやコクワガタ）獲れましたので、四回じゃんけんをして、分け合うというシステムです。誰の発案だったかまでは覚えていませんが、振り返ってみると、子どもの自発性による素晴らしいルールであり、自慢できる子ども期のあそびのひとつです。当時から私は、好奇心旺盛で、地元に残るさまざまな行事や祭りに参加しており、自然と地域のさまざまな異年齢の方々と交流していました。小学六年生の時ですが、当時盛んだった「地域子ども会」の大人主導の運営に疑問を抱き、私を含む六年生五人で、六年生主導行事の企画と運営をさせてもらえるよう、当時の役員さんにお願いをしました。大人間でどのようなやり取りがあったかは知りませんが、父から「大人の手を煩わせて…、子どもは大人の意見に従えば良いのだ…」と叱られたのを覚えています。ですが、私たちの意見が通り、一年間の子ども会行事を地域の大人の支援を受けながら、子ども主導で運営することができました。

この体験を通して、さらに地域の大人や青年との交流が盛んになり、さまざまな人生や価値観と遭遇し、自分のあるべき姿を考える、まさに「自分らしさ・自分さがし」をしました。高校生の時には、「高校生会」というシニアリーダーに類する活動に没頭しました。活動拠点であった「公民館」にほぼ毎日通うようになり、さまざまな年齢層の人たちが公民館に集い学びあう姿に影響され、今日の社会教育研究の道に入っていきました。

このプロセスは、確かにゆるやかに形成された地域の教育慣行に組み込まれていますが、出会いによって影響を受け、考え（悩み）、実現に向けて取り組んでいったことは自分の意思が大きいのです。

そして、今日地域の教育慣行が乏しくなり、自己の意思にもとづく自己実現が厳しい状況であるからこそ、子どもが自ら育つ機能を重視していくことが求められています。そういう意味でも、育てられる立場から育つ主体として捉え、育ちの困難に直面している子どもたちに寄り添い、子どもたちの自己実現を支援することが大切であり、そのための有効な方法を理論的実践的に研究していくことが重要なのです。少々乱暴な論旨ですが、地域社会にあるさまざまな教育資源と教育機能にふれることにより、子どもたちが影響を受け、自己実現に向けて取り組む活動が「自己教育」であり「子育ち」なのです。今日はそれが困難に状況であるから、さまざまな諸問題が生じているのであるからこそ、問題を発見し、それを乗り越える新たな取り組みをする必要があるのです。私は「子育ち」という考えは今日的に意味をもつものであると考えています。

4　不定形教育の可能性——社会性の習得の機会を創生するための社会教育

（1）不定形教育とは

地域における「子育ち支援」をより積極的に展開していくことは、今日の状況をふまえ、地域で子どもたちが豊かに「成長・発達」できる教育環境をつくることです。これは、従来の学校教育や資格取得をめざしたものだけではありません。「一人前」に育む教育システムを創造することにつながります。それは、基盤となる「地域」において「協働」で繰り広げられるものです。「協働」による地域社会を再創生するためには、地域住民が自らその課題解決のための学習を担う主体となっていくことが求められます。そこで着目しているのが、Ｐ・Ｈクームス(7)が提起する「教育の三形態」のひとつである「不定形教育」（Non-Formal Education）です。クームスのいう教育の三形態には、「定型教育」（Formal Education）という、構造化されたカリキュラムをもち、教師（指導者）と生徒（受講者）の関係によって行われる学校教育の形態。日常的生活のなかにある環境や体験にもとづき、教育的影響を受けるもので、家庭教育のように、意図的・無意図的な非組織的な教育である「非定型教育」（Informal Education）

の形態。そして、日常的生活のなかにある環境や体験によって、教育的影響を受けたり、その諸資源の影響をさし、非組織的な教育とも若干異なり、一定の学習者集団と学習の目的のために、組織化された教育活動を指す、方法・組織ともに多様な形態をとる「不定形教育」があると述べています。

鈴木敏正さんは、学習と教育の区別、それにもとづく不定形教育を提起しています。「自己教育」に重点を置き、「自己教育すなわち学習の目的・内容・方法に対する学習者の参加・統制が最も明確に現れる」もので、「学習主体と教育主体が分離していることを前提とした上で、両者の協同で展開する」教育が不定形教育であると述べています。(8)

ここで、私が不定形教育に着目する理由は、教育学的視点でいえば「子育ち」は自己教育であると考えるからです。一九七〇年代頃に誕生した子ども劇場・おやこ劇場や少年団などの地域子ども組織は、地域構造や社会構造の変貌によって子どもの育ちに危機感をもった大人によって手がけられています。しかし、参加の有無をはじめ活動へのスタンスは本人に委ねられていますし、これらの子ども組織では、中学生や高校生になっても子どもたちのリーダー的存在として関わったりしています。そこでのリーダーや大人の関わりは、「指導」の要素は弱く、「関与」や「支援」に比重が置かれているのです。本書第2部「実践編」で紹介している実践事例のどれをみても同様です。NPO法人ゆめ・まち・ねっとの渡部さんがスタッフに求められる資質として「子ども〝と〟遊ぶのが好きな人ではなく、子ども〝が〟遊ぶのが好きな人」と書かれています。まさしくそれを象徴しているのではないでしょうか。

つまり、大人が環境を整えつつも、さまざまな人間とふれあいながら、興味・関心のある活動に参加し、主体となって工夫しながら内容を充実させていく過程を通じて、価値観や人生観を培っていく「自己教育」、教育形態としての不定形教育に「子育ち」としての可能性があるのです。

(2) 社会教育における「子ども」

不定形教育は、日本では「社会教育」が最も近い領域です。

日本の社会教育は、成人・青年を主たる対象としてきましたが、留守家庭児童対策や地域組織としての子ども会づくり、青少年の脱社会的傾向、非行触法行為の増加の低年齢化などが顕著になりはじめた一九六〇年代後半頃から取り組まれるようになったといわれています。詳しくは、『子育ち支援の創造』の星野一人さんの論文を参照していただきたいのですが[9]、社会教育研究においては、社会教育研究全国集会に「子ども分科会」が一九七四年から設置され、日本社会教育学会においても同年に「子どもの学校外教育」が宿題研究のテーマとなり、その成果として七八年に『地域の子どもと学校外教育』(日本の社会教育　第二二集)が刊行されました。実践レベルではおやこ劇場や少年団といった地域での新たな子ども組織づくりが活発になっていきます。九〇年代には「学校外教育」も姿を消し、社会教育の対象としての子どもの位置づけが実践・研究ともに確立されていきます。

私は、『子どもの豊かな育ちと地域支援』のなかで子どもの社会教育の構造について提起しました[10]。子どもの社会教育には「特殊性」があります。それは、当然子どもが主対象となるわけですが、「子ども」の年齢層は広く、自発性による参加はおおむね学童期の前期の頃からと思われますが、社会教育の特徴である自主的・自発的な学習活動を展開していくには、学習を支援する存在が必要だということです。これは、社会教育主事や児童厚生員などの専門職はもちろんそうなのですが、地域の子ども組織では、むしろ日常的ななかで関わりをもつ地域の大人（高校生や大学生などの青年も含む）もその対象となります。つまり、子どもの社会教育の「特殊性」とは、その対象が当事者である子ども自身だけではなく、支援する側の大人の学習も包括するということを意味しているのです。

それをふまえた上で、私は、「子育ち社会教育」の構造は、子どもを対象としたものと大人を対象としたものの二系列四柱から成り立っており、これらが密接に絡まりあいながら展開されていると考えています。

子どもの社会教育構造

■体験、遊びなどを通じて自己課題を克服していく学習活動　（子どもが主体）

①大人の助言や指導を受けながら、自主的な活動が可能となる前段のプレ社会教育

②自分の価値観や人生観を培うことをめざし、「子ども」が主体となって活動していく学習活動

■子どもたちがより豊かに育つための大人の学習活動　（大人が主体）

③子どもの育ちを支援するための大人の学習活動

④子育ち支援のプロデューサー　（指導者）を目標とした大人の学習

第一の系列は、体験や遊びなどを通じて自己課題を克服していく活動（＝子どもが主体）で、ここには二つの柱があります。①は主に幼児期から小学校中学年を対象としたもので、自主的・自発的な学習活動を可能とする前段階、いわば伴奏者である大人の関与が強い活動です。ある程度用意されたプログ

ラムに参加することを通して、自己の課題や目標を探っていく段階となります。②は自己課題や目標を定め、自主的・自発的に課題を克服するために活動を繰り広げていきます。おおよそ小学校高学年の頃からがその対象になると思われます。

第二の系列は、子どもの健やかな育ちと活動を支援するための大人の学習活動（＝大人が主体）です。これは指導力を身につけることではなく、子どもの現状や問題を的確に捉えることが優先されます。それをふまえて、実態に合った環境整備や支援をしていくことです。③は子どもたちの活動を支援するための大人の学習全般をさします。子ども把握はもちろんのこと、活動が豊かに広がっていくための学習でもあります。つまり、大人が地域において子どもたちに対して〈役〉を発揮するための取り組みでもあるのです。④は子どもの活動を支援する専門家からの学びです。子どもたちへはもちろんのこと、活動を支援する大人へも支援するまさしくアドバイザー的存在で、社会教育主事・公民館主事・児童厚生員・保育士といった専門職員が第一に想定されます。今日の地域活動・市民活動は多様化・高度化しています。そういう市民活動などをリードする主催者も含まれるでしょう。さまざまな学習会をみてもＮＰＯなどの市民団体で活躍する人が講師として招かれる機会も増えてきました。また、増山均さんは、子ども組織の大人の関わりについて指摘していますが[11]、それを解決する学習を含んでいます。さらには、「子育てネットワーク」に代表されるように団体やサークル間のつながりづくりや、子どもや大人の〈役〉が発揮できるような仕組みづくりなど、地域の子育ち・子育て支援の中核的存在の育成も視野に入っています。

5　子育ち支援は「まち育ち・まち育て」

文部科学省は、近年地域における子ども施策に積極的で、二〇〇四〜二〇〇六年にかけて実施された「子どもの居場所づくり新プラン」では、具体的な事業として「地域子ども教室推進事業」（緊急三か年計画）が行われました。そして、二〇〇七年度からスタートしたのが「放課後子どもプラン」です。文科省と厚労省の連携を目玉にした施策で、子どもを中心に据え、教育部局と福祉部局の垣根を取り払って地域における取り組みを進めていこうというのがねらいです。この施策は、「放課後子ども教室推進事業」と、「放課後児童健全育成事業」（学童保育）を一体化していこうとする傾向がみられています。また、「地域」から「放課後」へ変更されたことで、学校への囲い込みにならないか、「市民として」の「子ども」のまなざしの欠落、活動内容に「学力向上」を入れることにより、授業の補修的意味合いが濃くなっているなどの問題点があります。

二〇〇八年二月には、中央教育審議会答申「新しい時代を切り拓く生涯学習の振興について〜知の循環型社会の構築を目指して〜」、続けて六月には「社会教育法」の改正案が国会で可決・成立しました。これは、二〇〇六年一二月に改正された「教育基本法」の流れを汲んでのものです。直接子どもに関連するところでは、教育基本法第一三条の「学校、家庭及び地域住民等の相互の連携協力」を受けて、社会教育法では第三条第二項に「学校、家庭及び地域住民その他関係者相互の連携及び協力の推進」が挿入されています。当然、「放課後子どもプラン」ともリンクしているわけですが、社会教育法改正案の他の条項と重ねてみえてくることは、学習「需要」の把握と学習活動に対する成果・評価が盛り込まれることにより、学習成果の代表的な活用先が「学校支援」となり、住民の自主的・自発的な学習が基本である社会教育活動が、学校の補完という役割に飲み込まれ、固定化される危険があるということです。

もちろん、問題ばかりではありません。子どもの放課後の問題や地域と学校の連携を強力にすることには、関心が高まっています。積極的に取り組むことで、社会教育の底力が発揮されることでしょう。そのためには、私たちが、議論して乗り越えるべき重要なキーワードが内包されているのです。そのキーワードとは、「地域」という視点です。放課後子どもプランや社会教育法改正案では、「放課後」、「学校支援」という枠組みに縮小化されましたが、「地域子ども教室推進事業」では「地域の教育力」の創生がめざされていました。確かに子どもの一日の生活の約四〇%は学校です。そういう点を鑑みると、「放課後」という括りも理解できないわけではありませんが、家庭はもちろんのこと、学校も「地域」にあり、大抵は子どもの日常「行動圏」です。行動圏は、生活上の行動範囲であり、そこにはさまざまな形でのコミュニティが存在しているのです。

そのため、①子どもの「放課後」はどうあるべきか、②親・住民（若者・高齢者を含む）の「役」とはなにか、③「学校」や「公民館」をはじめ「児童館」「保育所」といった公共の教育・福祉施設は「公共」として何を担うのか、地域の組織（自治会など）や子ども組織との関連で考えることです。それらは、地域のなかでのつながりづくりであり、コミュニティ形成であります。まさしく地域づくり、まち育ての視点にもなっていきます。

「まち」をどう活性化していくかという議論は以前からなされていましたが、それらは利便性を追求する開発や観光客の集客などによる経済的活性化が主でした。しかし、なにより大切なのは、人のつながりをより豊かにしていき「協同性」を創生することにより、「生活しやすさ・暮らしやすさ」を感じられるまちにしていく。子どもを基軸に置くならば、子ども自身が活性化するまちは、大人も活性化したまちであり、まちそのものも活性化するということです。その実現のためにも、目先のランキング等に左右されない、大きな営みとして子どもの育ちを具体化していくことが、いま求められているのです。

（ふかさく　たくろう）

注

（1）小木美代子・児童館・学童保育21世紀委員会編『児童館・学童保育と子育ち支援』萌文社、一九九四年
（2）立柳聡「『子育ち学』の実践的・理論的課題」白井愼監修／小木美代子・姥貝荘一・立柳聡編著『子どもの豊かな育ちと地域支援』学文社、二〇〇二年、七九～九九頁
（3）堀内守『原っぱとすみっこ―人間形成空間の創造―』黎明書房、一九八〇年
（4）高橋敏『江戸の教育力』ちくま新書、筑摩書房、二〇〇七年
（5）江馬成也『子どもの民族社会学』南窓社、一九九四年
（6）増山均「『子育て支援』における〈子育て〉概念を問う」『フィロソフィア93号』早稲田大学哲学会、二〇〇五年、三一～四七頁
（7）Coombs, P. H., Prosser, R. C. and M. Ahmeb, *New Paths to Learning for Rural Children and Youth, International Council for Education Development*, 1973.
（8）鈴木敏正『学校型教育を超えて―講座　主体形成の社会教育学1』北樹出版、一九九七年、四〇頁
（9）星野一人「子どもの育ちを支える社会教育の三〇年：その到達点と課題」小木美代子・立柳聡・深作拓郎・星野一人編著『子育ち支援の創造』学文社、二〇〇五年、一六一～一七一頁
（10）拙著「子どもの育ちと地域の教育力」前掲（2）、三九～五五頁
（11）増山均『子ども研究と社会教育』青木書店、一〇～一一頁

2

発達心理学的視点から子どもの育ちをみつめる

鈴木 智子

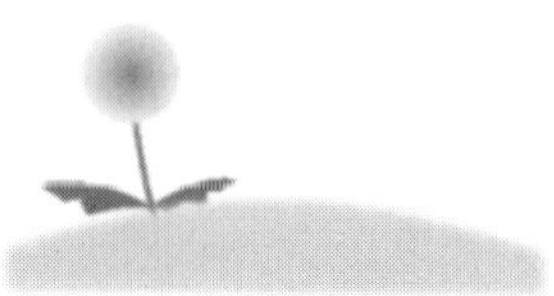

1 子どもの発達に影響を及ぼす遺伝と環境

「子どもの発達に何が影響を及ぼすのか」という問題について、発達心理学においては古くから遺伝と環境という二つの要素が論じられてきました。遺伝というのは子どもが生まれながらにもっている特徴をさします。環境とは子どもが経験することや子どもの周りにあり、影響を与えるものをさします。この環境と遺伝のどちらが優勢に働いているかということが議論された時代もありましたが、現在はどちらも影響しているという見方がなされています。まず環境についてですが、これは親の育て方だけにとどまらず、どんな家庭環境、地域環境にあるか、またどんな文化のなかで生きているかということも含まれます。この点についてはブロンフェンブレンナーという研究者が子どもを取り巻く環境を四つのシステムという生態系として捉えています（図1）（ブロンフェンブレンナー、一九九六）。まず、親や近所

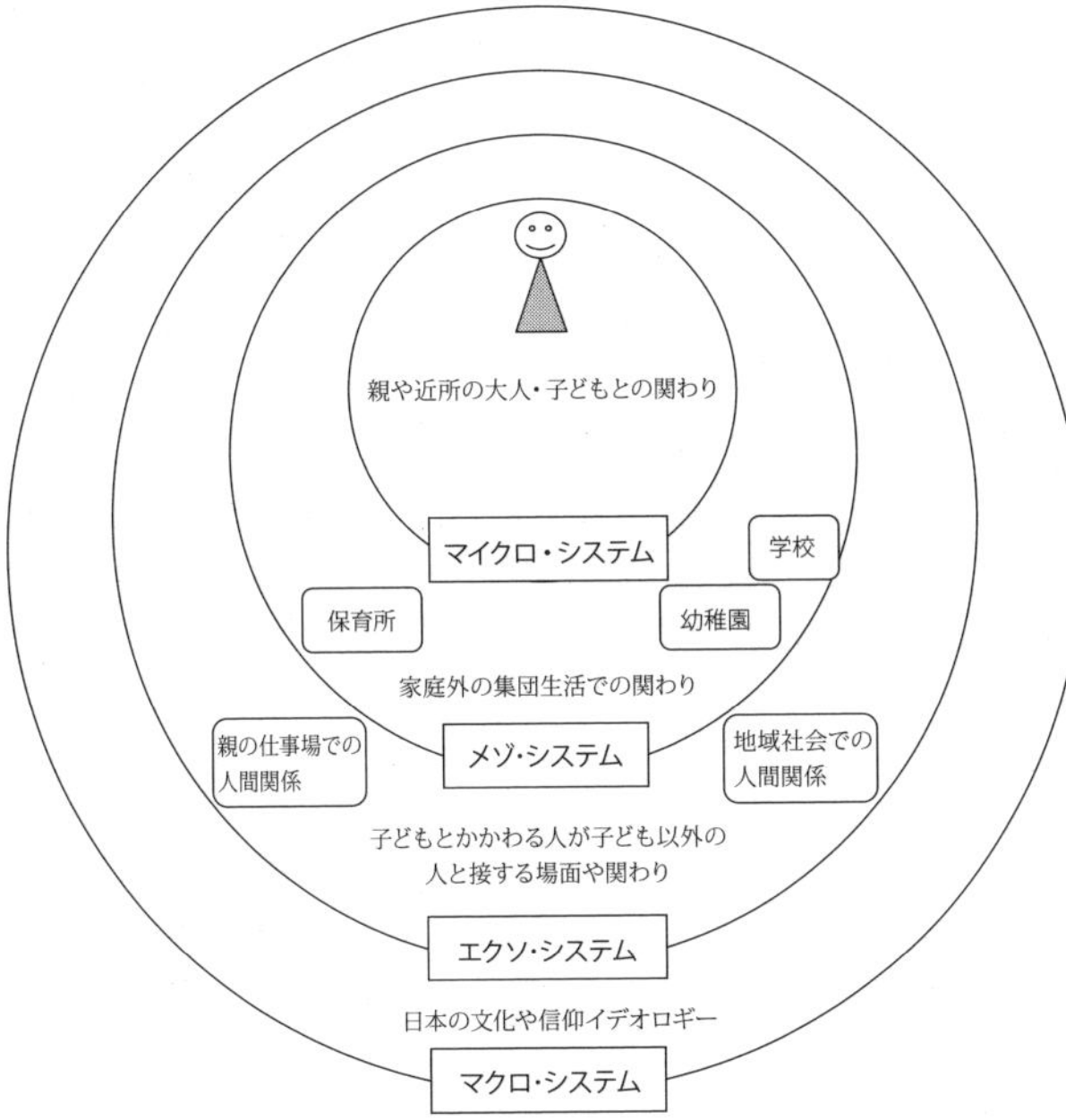

図１　ブロンフェンブレンナーの生態系システム

の人のような子どものごく近くにいる人が子どもと直接関わる関係をマイクロ・システムと呼びます。これは一般に子どもの環境という場合に最初に思い浮かべられるものです。次に、子どもは成長に伴い、保育所や幼稚園、学校に代表されるような家庭外の集団生活を体験することになり、そこでは家庭と異なる習慣や行動様式に出会うことになります。子どもは家庭とは異なるルールや人間関係のなかで生活し、成長していきます。それをメゾ・システムと呼びます。さらに子どもと直に接する親や近所の人たちは子どもと関わる以外の場面、たとえば職場や趣味の集まりなどでさまざまな影響を受けます。それは親の経済状態、精神状態などに影響し、間接的に子どもに影響を及ぼします。そういった社会システムから影響を受ける関係をエクソ・システムと呼びます。最後に日本全体をみた場合、他国とは異なる文化・イデオロギー信仰があり、それも子どもに影響を与えています。これをマクロ・システムと呼びます。そしてそれぞれのシステムは相互に関係していて、子どもに影響を及ぼします。このように環境といった場合、親の関わり方が最初に思い浮かべられることが多いですが、親の行動を含む環境の背景には、（良くも悪くも）その環境を変化させるさまざまな要素があり、親だけに子どもの周りの環境を変化させる選択権があるわけではありません。現代の子育ちには親への責任を追及する声も多くありますが、その責任は広く日本全体の文化に及び、変化する可能性はその誰もが担っているということができます。

さらに、子どもの発達には環境が大きく影響を与えるといった「環境→子ども」という一方的な見方がなされることが多くみられます。たとえば、親が暴力的なしつけを多く行う子どもは友だちに対して攻撃的な行動をとることが多いという研究結果があります（シャファー、二〇〇一）。この結果をどのように考えればよいでしょうか。おそらく親が暴力的なしつけを多く行うため、子どもが攻撃的な行動を多くとる、という見方が多くなされると考えられます。しかし、この親が子どもの行動に影響を与えるという方向性は可能性の一つに過ぎません。もう一つの可能性としては、子どもが攻撃的な行動を多くとるため親が暴力的なしつけをとらざるをえないということが考えられます。なかなかわかりづらいかもしれませんが、先ほどの遺伝のように子どもは生まれながらにして個性（気質）をもっています。たとえば、場所や気候や関わる相手といった環境の変化にあまり動じず、反応の小さい育てやすい子ども（easy child）、少しの環境の変化にも敏感になおかつ大きく反応する気難しい子ども（difficult child）、何を始めるにも時間がかかる子ども（slow to warm-up child）など、子どもは生まれながらにしてさまざまな個性をもっています。そのため、親子の関係には親の関わりだけではなく、子どもが親に与える「子ども→環境」という方向性の影響も大きいのです。そのため、親ばかりに注目するのではなく子どもの個性も見極めながら現状を理解し、子どもへの支援を考えていくことが重要です。

2　発達の個人差と不連続性

このようにもって生まれた遺伝的特徴と広い環境との相互作用で子どもは成長していきますが、その発達の進み具合は子どもによってさまざまです。発達の大まかな道筋を表すときには、各年齢の子ども集団のなかの平均値が示されますが、実際にはその前後に位置する子どもも多く存在します。たとえば、運動発達についてもお座りは生後六ヵ月、一人歩きは生後一二ヵ月と一般にいわれますが、すべての子どもがそのように成長するとは限りません。図2の運動発達の個人差をみると、実際は全体の五〇％という半数の子どもしかそれらにあてはまらないことがわかります。残りの半数の子どもが同じ運動ができるようになるには二ヵ月から四ヵ月先までかかります。また早くにできるようになる子どもも含めると、大きいところでは子どもによってできる時期に五ヵ月もの開きが生じることがわかります。したがって、発達にはかなりの個人差が存在し、すべての子どもが同じように育つわけではありません。また発達には運動以外にも、認知、社会性、言葉などさまざまな領域があり、それぞれの領域がお互いに影響しあって発達していきます。運動にしても、物と物との関係を理解する認知能力や人との関わりである社会性などの領域に影響されながら発達していきます。そのため、同じ速度で同じ内容の

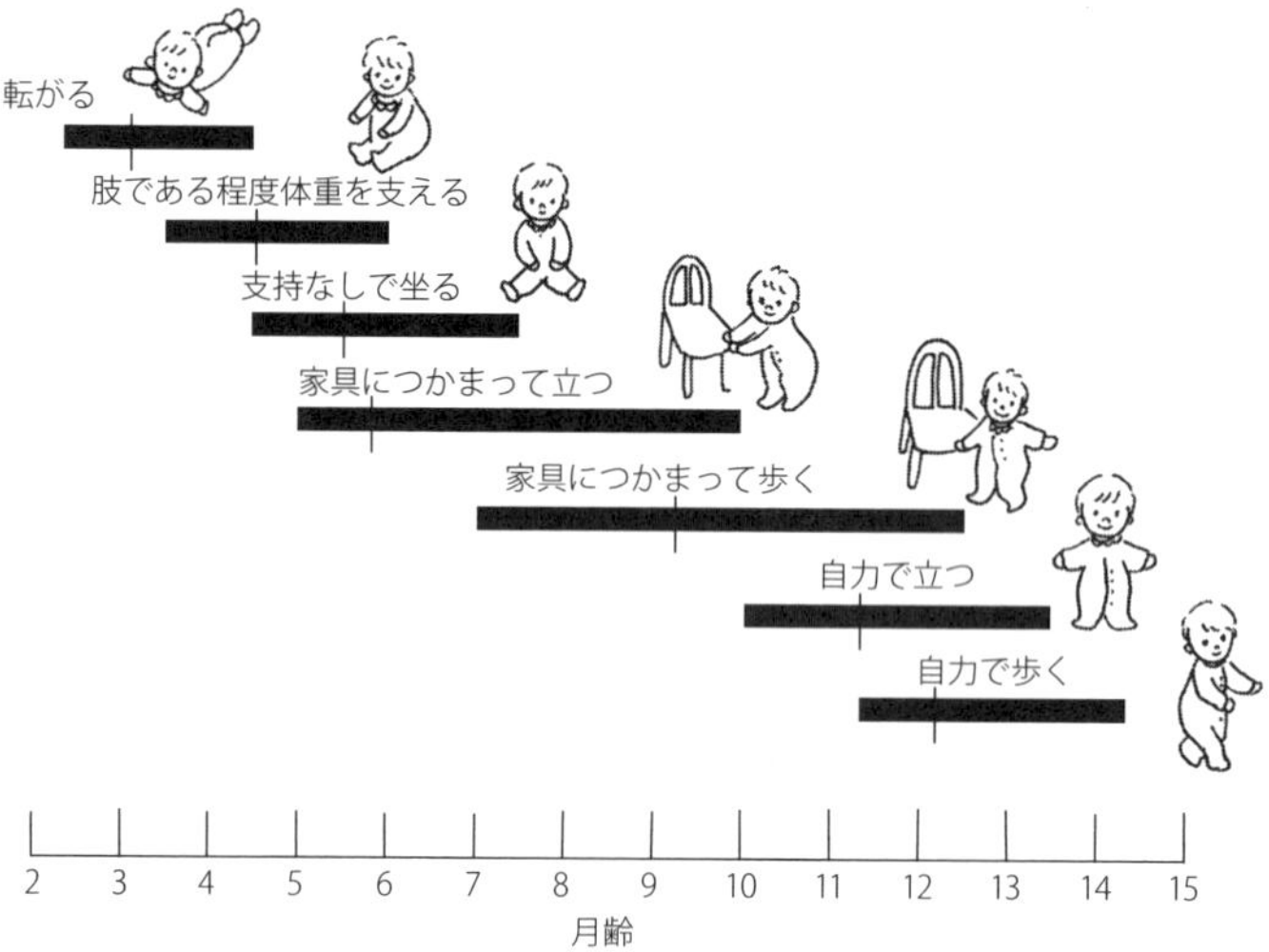

発達は規則的に進むが、それぞれの段階に達する乳児の月齢には早い遅いがある。図の棒グラフの左端は、全体の子どもの約25%がその運動ができるようになることを示しており、右端は90%ができるようになることを示している。棒グラフに交差している細い縦の線は、50%ができるようになる時期を示している。

図2　全身運動の発達とその個人差

出所）Frankenburg & Dodds（1967），村田（1986）より引用

発達をしていく子どもはほとんどいないといっていいでしょう。

3　子どもの発達の見方（行動の変化と能力の変化について）

子どもの発達は、表に現れる行動が変化したときに明確に確認することができます。しかし、行動が変化しないからといって発達していないわけではなく、目に見えなくても子どもの内部では日々成長が進みつつあります。たとえば、子どもが言葉を話し始めたとき、周りからは突然の出来事のようにみえると思いますが、そのずっと以前から言葉を話し始めるための準備は進められています。それは、音声を発することであったり、指差しや目線などで他者と意図を共有することであったり、会話のキャッチボールと

いわれるように順番に役割を交代することの理解であったり（岡本、一九八二）、物には名前があるということを認識することであったり、さまざまです。たとえば、まだ話し始める前の子どもに言葉を言わせようと周りが努力して、仮に何らかの言葉に近い音声が子どもから発せられたとします。しかし、それは相手に自分の意思を伝えるための通常の言葉とは異なる可能性が高いのです。そのため、子どもにある姿を望んだ場合、表面的な行動の変化だけに注目するのではなく、それに必要な潜在的な能力ということを考え、その姿に必要などんな力が今成長しつつあるのか、という見方も必要です。

4

子どもの社会性について―同世代の仲間という存在―

子どもと関わる人のなかでも大人と子どもとではその影響が異なります。発達心理学のなかでは、子どもと関わる大人や同年代の子どもを縦の関係と横の関係になぞらえて説明します（図3）。大人は子どもにとって立場や能力が上であるため、大人の言うことに子どもは従う立場にあり、また子どもだけではわからないさまざまな知識や技能などを教えてくれる存在です。一方で同年代の子どもは立場や能力が同じであるため、対等に話し合ったり、時にはけんかをし合ったりして切磋琢磨していきます。大人との関係では効率的に教えられることを、子ども間では多少時間がかかったとしても自分たちの力で発見し、その分驚きや関心が高まります。そのため、子ども間の関係は大人とは異なる能力を引き出すといわれます。さらに子どもが小さい頃は、大人との関わりが中心ですが、成長するにしたがって、子ども間の関わりが増え、大人との関わりから子ども間の関わりへと移行し、深めていくようになります。

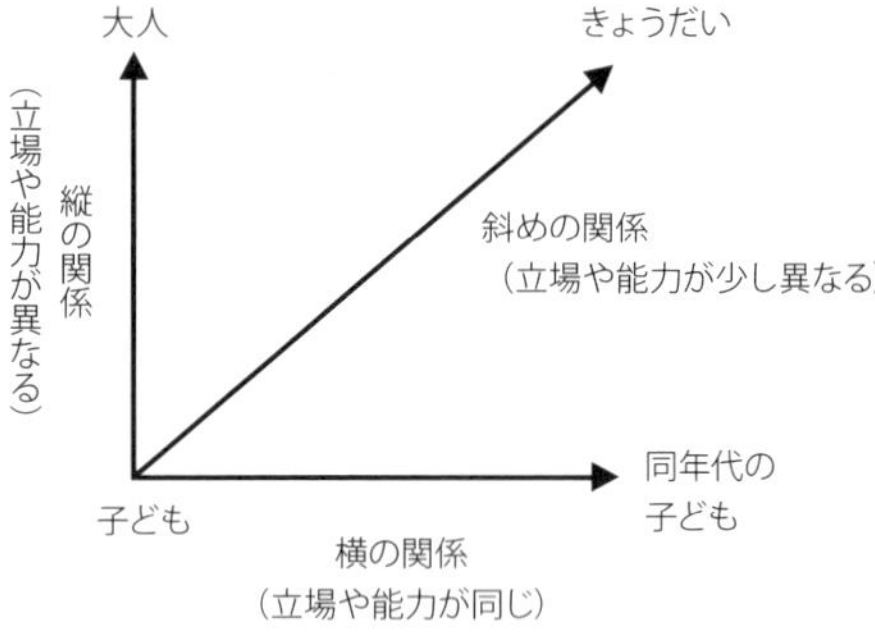

図３　大人と子どもの関係

しかし、大人のように子どもは相手の様子を考慮して関わるわけではない分、子ども間の関わりがうまくいかなくなることもあります。近年では、この子ども間の社会性に問題をもつ子どもに焦点があてられています。具体的には仲間との間でけんかやいざこざが多い子ども、もしくは関わり自体が少ない子どもなどがあてはまります。前者については、けんかやいざこざを体験することは子どもにとって悪いことではなく、むしろこれらを経験することで大人との間では得られない成長を得ることができます。しかし、これらがあまりにも頻繁に起こり、解決がなされないまま終わることが多くなると本人の学びが不十分になってしまったり、他児からのよくない評価につながってしまったりということが考えられます。また後者の関わりが少ない子どもについては、通常の肯定的な関わりもけんかから学ぶ機会も少なくなってしまいます。さらにこの子どもの時期の社会性の問題は青年期まで影響を及ぼすとする研究も示され（キング&キルシェンバウム、一九九六）、早期に対応することが検討されています。これらの子どもに対しては、問題とされる行動（他児に対する暴力的な言動、大人しすぎる様子、など）を少なくし、望ましい行動を増やすスキルトレーニングという方法が考えられています。たとえば、友だちに対して攻撃的な行動が多い場合は、その行動を少なくし、適切な行動（自分の意見を主張する・妥協案を出す、など）を覚えてもらいます。しかし、実際にはこれらの行動を一時的に身につけたとしても、実際のさまざまな場面や状況に合わせてスキ

表１　社会的スキルの目標リスト

1．自己理解を深めること
2．肯定的な自己イメージを高めること
3．他者理解を深め、他者との協調性を高めること
4．個人の権利の理解を深め、主張的で洗練された行動の頻度を増加させること
5．自己コントロールを改善すること
6．社会的問題解決スキルを改善すること

ルを応用することがなかなか難しいという現状があります（アッシャー＆クーイ、一九九六）。そのため、先の発達の見方で指摘したように、表に現れる変化だけでなく内面にある能力の変化に目を向けていく必要があります。たとえば、こういった仲間関係がうまくいかない子どもに限らず、対人関係のどんな場面でも最初からうまく行動できるとは限りません。むしろ失敗したとしてもそこであきらめたり、失敗したやり方に固執したりせずに柔軟に別の行動に変えられるということが重要なのではないでしょうか。そう考えた場合、状況に合わせて行動を変えるためには、一つの行動に固執せずに前の行動から別の行動に変えられるという力が必要です（Rubin & Krasnor, 1986）。これは柔軟性や自己制御と呼ばれる力に当たり、こういった能力を育てるという視点を取り入れることが重要です。

また、人とのコミュニケーションややりとりを考えた場合、他者に向かってうまく行動するという面だけではなく、自分とはどのような人間であるのかという自己理解を深めていくことも重要です。この自己理解という側面にはなかなか目が向けられにくいのですが、キングとキルシェンバウムという研究者は社会的スキルを育てるにあたって、表1のような目標を立てています（キング＆キルシェンバウム、一九九六）。ここでは、他者理解を深めると同時に自己理解を深めたり、肯定的な自己イメージを高めたりすることが目標として挙げられています。具体的に「1．自己理解を深めること」では、「自分の好き嫌い・外見・感情・欲求に気づき、それを言葉で表現できること」などが当てはまります。また「2．肯定的な自己イメージを高めること」では「自分の良いところを多く表現する・みんなのなかでチャレンジすることを多くする・失敗したとしてもポジティブな気分を保つ」などが当てはまります。このように他者との関係を良好に保つためには、他者に対する行動を改善するだけではなく、自分について考え、理解することも重要であることが示唆されているのです。

先の行動変化と能力の変化との関係のように、足りない行動を補うだけではその子どもの真の発達が得られるとは限りません。その行動が現れるためにはどんな能力が必要なのかということを考えて子どもを援助していくことがここでも必要となります。

さらに、子どもは他の子どもと一対一で関わるというよりは幼児期から集団生活を体験します。そのため、その子どもが所属する集団づくりも同時に考えていかなくてはなりません。実際に、周りの子どもからその子どもに対して一度定着した良くない評価を覆すのはなかなか難しいものです（アッシャー&クーイ、一九九六）。集団への適応が難しいという子どもがいた場合、その子どもにどのように対応するかということだけでなく、周りの子どもたちがどのようにその子どもを見ているか、周りへの影響も考えつつ対応を模索していかなければなりません。また親子間と同様に子ども間においても「子ども⇔環境（仲間）」という相互作用が生じています。そのため、周囲の子どもの行動が変化することで、問題となっている子どもの行動が変化することもありえます。周りの子どもが与える影響は大きく、大人がいくら言っても変わらないことが、周りの子どもの声がけや落ち着き具合が変化することで当の子どもも落ち着いたり、行動が変化したりすることもあります。

このように周りの大人が子どもに何らかの問題があると捉えた場合、アプローチの仕方はいくつか存在します。子どもの行動はその内部の発達や環境といったさまざまな要因に左右されるため、一つではなく複数のアプローチを行うことで状況が改善しやすくなることが考えられます。

5　発達は何をめざすのか

(1) 能力の向上と本人の望むＱＯＬの両立

人間にとって能力やスキルが向上していくということは望ましいことです。しかし一方で、それが本人の希望に沿っているものなのか、また周囲の環境のなかで生かされていくものなのか、ということも同時に考えられていないと生活の質（Quality of Life）の向上につながりません。そしてそれは自分の人生の選択を自分で行っていかなければならない青年期以降で特に重要となってきます。たとえば、障がいをもつ青年の「エアロビクス教室」への参加を調べた研究では、次のような結果が示されています（井上、一九九八）。半年間教室に通うなかで、二人の青年のうち一人はエアロビクスの上達がみられ、一人はあまり上達がみられませんでした。しかし、エアロビクスを続けたいという意思は二人とも変わらず、スキルや能力の向上に関わらず、余暇活動として楽しんでいました。また二人の青年と一緒に参加していた一般の参加者も二人の参加を好意的に受け止めていました。一方で第三者に二人のエアロビクスの様子を見てもらうと、上達が見られなかったほうの青年に対しては「楽しさ」「積極性」などについて否定的な見方がされ、本人の実感と食い違うということもわかりました。このことから、何がその人にとっていいのか、ということについて第三者の見方と本人の感じ方が必ずしも一致するとは限りません。周りの見方と本人の意思とどちらにも偏りすぎることなく、多様な目で本人の進むべき道を考えていくことが必要であると考えられます。

（2）長期的な見通しで子どもへの教育を考える（生涯発達的視点）

では青年期になってからこういったＱＯＬについて考え始めればよいのかというと、人間の発達は連続してつながっているため、もっと以前からそういった観点をもってその人に関わっていくということも必要です。昔の発達心理学では、発達の対象が運動能力や知的な能力に限られていたため、それらの成長がピークとなる成人期までを研究対象としていました。しかし、近年、老年期に入ってからの、人生において大事な選択を判断できる力などの能力の見直しがなされ始めました。またさまざまな力を失っていくこともひとつの発達であるという発達観の見直しもあり、命が誕生してから（つまり受精してから）死に至るまでを生涯発達として考えるようになりました。そのため、子どもの育ちを支える人にとっては、幼少期に見られる行動や発達がその先の姿にどのようにつながっていくのか、を考える必要があります。たとえば、保育園ではお昼寝という時間がありますが、来年小学校に上がる年長組になるとほとんどの園でお昼寝の時間を遊びの時間に変えていきます。また年長組になると、来年一定の時間座って先生の話を聞くことが求められるため、落ち着きがない子どもへの懸念が高まります。このように子どもは自身が成長するだけでなく過ごす環境や年齢によって求められるものが違ってきます。また逆に成人にかかわる人が成人期や老年期の姿から幼少期を振り返ったときにどのような行動や発達が期待されるべきなのか、という観点も取り入れて提言していくことが非常に貴重な「子育ち」支援のアドバイスとなります。先のブロンフェンブレンナーの考えによれば、子どもはさまざまなシステムの入れ子のなかで生活をしています。そして将来的には徐々に外側のシステムに自発的に関わっていく存在となります。現在直接的に生活している環境だけでなく、将来子どもが関わるであろう環境やシステムについても少しずつ考えながら、今の子どもの育ちを見つめ、支えていくことが重要です。

6　最後に──子育ちとは──

「子育ち」とは「子育て」とイコールではないため、純粋に大人が与える影響がそのまま子どもの発達に反映されるとは限りません。また大人の希望通りに育つことがいいことであるとも限りません。子どもの今の能力・意思・望んでいることすなわち「育ち」を見据え、また近い将来と遠い将来の両方を見ながら、今必要なことは何かを考え、時には行きつ戻りつしながらかかわり続けることがよりよい「子育ち」につながるのだろうと考えます。

参考文献

アッシャー、S・R&クーイ、J・D／山崎晃・中澤潤監訳『子どもと仲間の心理学─友だちを拒否するこころ』北大路書房、一九九八年

Frankenburg, W. K. & Dodds, J. B. Inheritance of behavior in infants. In Y. Brackbill, & G. G. Thompson (eds.), *Behavior in infancy and early childhood: A book of reading*, Free Press, 1967.

ブロンフェンブレンナー、U／磯貝芳郎・福富譲訳『人間発達の生態学─発達心理学への挑戦』川島書店、

一九九六年
井上雅彦「自閉症をもつ人への「遊び」の支援」麻生武・綿巻徹編『遊びという謎』ミネルヴァ書房、一九九八年、一一五～一四〇頁
キング、C・A&キルシェンバウム、D・S／佐藤正二・前田健一・佐藤容子・相川充訳『子ども援助の社会的スキル』川島書店、一九九六年
岡本夏木『子どもとことば』岩波新書、一九八二年
村田孝次『児童心理学入門』培風館、一九八六年
シャファー、H・R／無藤隆・佐藤恵理子訳『子どもの養育に心理学がいえること』新曜社、二〇〇一年
Rubin, K. H. & Krasnor, L. R., Socialcognitive and social behavioral perspectives on problem solving. In M. Perlmutter (ed.), *Minnesota symposia on child psychology* (Vol.18, p.168). Hillsdale, NJ: Lawrence Erlbaum. 1986.

（すずき　ともこ）

3

子育ち・子育てをめぐる政策の一五年史

星野 一人

1 はじめに

近年、子どもをめぐる施策は国政レベルでも自治体レベルでも大きな注目の的となり、全国津々浦々で百花繚乱の様相を呈してきました。

かつては子どもの問題といえば、いじめや不登校といった学校内での問題とほぼイコールであり、具体的な施策もそれに対応するものが中心となることが多かったのですが、とりわけ一九九〇年代半ば以降、施策の方向に変化が現れます。それは、簡単にいえば学校内の問題への対応から「地域」を強く意識した内容へと移行し、その背景に「生きる力」「心の教育」あるいは「少子化」といったキーワードがちりばめられているという構図になりましょう。

本章では、とりわけ変化の大きかったここ一五年ほどの間に政府が行ってきた子育ち・子育てに関する施策を概観していきます。実際には、障がいをもつ子どもへの支援や社会的養護、あるいは子どもの読書や芸術文化に関するものなど、数々の個別的な施策がとられているのですが、残念ながら与えられた紙数の都合上、そのすべてをここで取り上げることはできません。ここでは、それら個別の施策にもつながる基本理念がどのように描かれてきたのかを中心に、政策動向を跡付けしていきたいと思います。

2　文部省の基本方針「生きる力」と「ゆとり」

一九九二年九月、公立学校の完全週五日制への第一歩となる毎月第二土曜日の休日化が実施され、ついで九五年四月からは第四土曜日が休日化されました。学校週五日制は徐々に定着のきざしをみせ始めていましたが、一方で休日の子どもたちの過ごし方については多くの問題が指摘され、地域での「受け皿」づくりが模索されていました。

こうした状況下で、中央教育審議会（以下「中教審」と略）は「二一世紀を展望した我が国の教育の在り方について」の諮問に対する第一次答申を九六年七月に公表しました。この答申の副題は「子供に［生きる力］と［ゆとり］を」となっており、現在の動向からすると隔世の感がありますが、これには当時の中教審なりの理由がありました。それがよく示されている部分を引用してみます（「はじめに」より）。

我々は、学校・家庭・地域社会を通じて、我々大人一人一人が子供たちをいかに健やかに育てていくかという視点に立つと同時に、子供の視点に立って審議を行い、今後における教育の在り方として、［ゆとり］のなかで、子供たちに［生きる力］をはぐくんでいくことが基本であると考えた。そして、［生きる力］は、学校・家庭・地域社会が相互に連携しつつ、社会全体ではぐくんでいくものであり、その育成は、大人一人一人が、社会のあらゆる場で取り組んでいくべき課題であると考えた。

子どもの教育を学校だけが担っていくという考え方はすでに過去のものとなり、子どもは学校・家庭・地域社会が連携しながら育てていくという考え方が、教育関係者ならずとも注目されていました。中教審はそうした考え方の変化に敏感に反応しつつ、一方で続発していたいじめによる自殺や受験競争など依然として指摘されていた子どもの問題を、社会全体に「ゆとり」を確保していくことで克服し、そのなかで醸成される地域のさまざまな活動に子どもも大人も一緒になって取り組んでいくことで、子どもの「生きる力」を育んでいくということを意図していたのです。

なぜ、中教審はこうした点にこだわったのでしょうか。この答申に先立つ九四年一二月、当時の文部省や厚生省などが「今後の子育て支援のための施策の基本的方向について」（通称「エンゼルプラン」）を策定しています。そこでは後述する少子化への対応という観点から子育て支援の基本的方向が打ち出され、「ゆとりある学校教育の推進」や「体験的活動機会の提供等による学校外活動の充実」といった項目も含まれていました。

しかし、「エンゼルプラン」が自治体による「地方版エンゼルプラン」策定を経て具体的な施策レベルになると、その内容はいきおい乳幼児への支援や保育サービスの充実といった点に特化されていきました。それは後に児童福祉法の改正による放課後児童クラブの法制化（九七年六月）といった動きにもつながりますが、文部省の意図する学校週五日制への対応という喫緊の課題に直接寄与するものとはなりませんでした。中教審の九六年答申は、文部省の立場で「エンゼルプラン」を具体化させていくための基本方針の提示であったのかもしれません。

この〈「生きる力」と「ゆとり」〉という方向性は、九七年六月に公表された第二次答申でも基本的に踏襲されています。しかしながら、そのときすでにこの文部省の方針を根底から揺るがすような事態が一方では起こっていたのです。

3 「生きる力」から「心の教育」へ

一九九七年五月、神戸市須磨区で発生した連続小学生殺傷事件は、当時一四歳の中学生が逮捕されたことに加え、その異常な犯行態様から社会全体に大きな衝撃を与えました。文部省も緊急の対応を迫られ、同年八月に中教審に対して「幼児期からの心の教育の在り方について」という緊急の諮問が行われました。諮問文では基本方針と位置づけられてきた「生きる力」の礎となる「心」の教育が重要課題だと述べられています。

この諮問に対する答申は、翌九八年六月に「新しい時代を拓く心を育てるために」としてまとめられました。この答申では九六年答申とは少々異なる点がいくつかみえます。まず、家庭のあり方について言及している部分が明らかに増えていること、子どもの「体験」の重要性がより強調されていること、そして、学校教育における「我が国の文化と伝統の価値」などへの言及といった点です。

このうち子どもの「体験」の重要性をめぐる部分の検討は、翌九九年六月に公表された生涯学習審議会（以下「生涯学習審」と略）の答申「生活体験・自然体験が日本の子どもの心をはぐくむ」に引き継がれることになりますが、ここではさらに注目すべき方向性の転換がみてとれます。

本答申では、九八年の中教審答申をふまえて子どもの「生きる力」を育む方策が審議されたということですが、「その結果、日本の子どもの心を豊かにはぐくむためには、家庭や地域社会で、さまざまな体験活動の機会を子どもたちに「意図的」・「計画的」に提供する必要があ」るという結論に達しています（「はじめに」より）。そして、本文では生活体験や自然体験が豊富な子どもほど「道徳観・正義感が充実」しているとし、そのための緊急の取り組みとして種々の体験活動をバックアップする方策が述べられています。

九六年の中教審答申において、「生きる力」は「共同作業や共同生活を営むことができる社会性や他者の個性を尊重する態度、日々新たに生じる課題に立ち向かおうとする意欲や問題解決能力、精神力や体力、新しい物事を学ぼうとする意欲や興味・関心、文化活動や自然に親しむ心などの「生きる力」」（第三章より）という具合に、かなり多義的な意味をもって捉えられていましたが、少なくともこの九九年の生涯学習審答申では、「心の教育」というキーワードのもとで、子どもにとって育まれるべきものが「道徳観・正義感」とかなり狭い範囲のものにされてしまっています。一方で、子どもが企画段階から参画できるようなプログラムを提唱するなど、一定の積極的側面も同居しており、この時点での審議会内部での議論はかなり錯綜していたものと思われます。

こうして「生きる力」の内容が「心の教育」の提唱のなかで読みかえられていく政策的な流れとは別に、自治体レベルではすでに体験学習を推進する動きが出始めていました。九八年度から兵庫県教育委員会により実施されている「トライやる・ウィーク」は、県内の公立中学校の二年生全員を対象として、一週間にわたり地域のボランティア活動や事業所等での職場体験を行うというもので、背景には前記の神戸市での事件や阪神・淡路大震災でのボランティア活動への注目などがあったようです。

同県教委は五年後にこの事業の評価検証委員会を設置して公式に報告を行っています。この報告の冒頭部分で検証委自らが自負しているように、少なくともこの事業が国レベルでの施策に影響を与えたことは確かなようです。それが九九年から文部省の「緊急三か年戦略」として実施された「全国子どもプラン」であり、先の生涯学習審答申の具現化ともいえるものです。

「全国子どもプラン」の新しさは、自治体や学校、保護者をはじめとした大人ばかりでなく、この時期に爆発的に普及し始めたIT技術（具体的にはインターネット等）を駆使して子どもたちに直接働きかける試みが行われた点でしょう。中心的に位置づけられたのは体験学習プログラムの充実ですが、情報提供のための「子ども放送局」や「子どもセンター」など、ハード面の整備に関するものも目に付きます。そして、それらの施策を他省庁や民間事業者との連携によって――換言すると「生涯学習」施策の一環として――進めていくというのが基本方針であり、この点は九八年九月の生涯学習審議会答申（「社会の変化に対応した今後の社会教育行政の在り方について」）などと合致するものとなっています。

この施策は、実施前年の法成立によって各地に出現したNPO（特定非営利活動法人）活動の広がりなどもあって、地域によっては大いに盛り上がりをみせました。たとえば商店会と連携して実施された子どもの「商業体験」の取り組みによって、地域の大人と子ども同士が顔の見える関係を築いたり、商店街全体を活性化させたりといった事例も報告されました。

こうした動きに呼応するかのように、九九年七月に青少年問題審議会から出された答申「『戦後』を超えて―青少年の自立と大人社会の責任―」では、基本的な考え方の中心軸として「地域コミュニティ」の形成が掲げられ、学校や企業も地域コミュニティの一員として位置づけるなかで子どもの多様な活動の場をつくっていくことが求められています。

しかし、次にみていくような時流のなかで、そうした考え方は政策レベルでは次第に重視されなくなっていくのです。

4

「心の教育」から「奉仕活動」へ

「全国子どもプラン」が軌道に乗り始めた矢先の二〇〇〇年、この年の春先から当時の小渕恵三首相の決裁により「教育改革国民会議」が開催されました。この会議は首相の私的機関ですが、後の教育行政に多大な影響を与えるものとなりました。まず同年七月の時点で分科会の審議内容が公表され、九月に公表された中間報告をふまえて、一二月に最終報告が公表されるに至りました。

この報告について、すでに多くの識者により問題点が指摘されているのは周知のとおりです。六年後に現実のものとなる教育基本法「改正」もここで明確に謳われています。しかし、ここで最も注目したいのは、公立学校での義務化が提唱されている「奉仕活動」という用語の登場です。

本報告は一見すると「心の教育」を重視した九八年中教審答申の内容を深化させた内容にも思えます。

しかし、ここまでみてきた文部省サイドの答申では「体験活動」「ボランティア活動」といった用語は再三登場しますが、「奉仕活動」という用語は基本的に使われていません。「道徳観・正義感」をいう九九年生涯学習審答申ですら「奉仕」という言い回しは使われていませんし、「国民会議」の発足後に公表された中教審報告（二〇〇〇年四月「少子化と教育について」）でも「奉仕活動」の語は見当たりません。

しかし、二〇〇〇年一一月に公表された生涯学習審報告（「家庭の教育力の充実等のための社会教育行政の体制整備について」）では、こうした活動を早速「奉仕活動・体験活動」と併記する形で用いているのです。中教審でも同年一二月に公表された審議のまとめ（「新しい時代における教養教育の在り方について」）の文中で、体験活動のひとつとして「奉仕体験」が挙げられています。

かくして文部省（〇一年より文部科学省に改組）サイドでも地域における子どもの活動のなかで「奉仕活動」が大きく注目されることとなり、〇一年初頭に発表された「二一世紀教育新生プラン」の基本的考え方は「国民会議」の報告をほぼそのまま施策に反映するような形になっています。〇二年七月の中教審答申「青少年の奉仕活動・体験活動の推進方策等について」では、〈新たな「公共」〉の担い手を創り出すことに寄与する活動を「奉仕活動」と捉えており、九六年答申以来幅を利かせていた子どもの「生きる力」は学校教育に係わる限定的な意味でしか用いられなくなっていきます。

それに呼応するように、具体的な施策の面でも積極的な取り組みは徐々に影を潜めていくことになります。「全国子どもプラン」の後継となる「新子どもプラン」が〇二年から実施され、引き続き地域住民との交流や自然体験活動の支援などを行っていく姿勢をみせましたが、そうした活動もこの施策のひとつとして位置づけられた「奉仕活動」の概念に包摂され、そこに内在していた積極的な意味も重視されなくなっていくのです。

5 「少子化対策」から「次世代育成」へ

この時期の政府の施策でもうひとつ中軸となっていたのが、少子化への対策です。「エンゼルプラン」が実施され、「地方版エンゼルプラン」が各地で策定されてきたとはいえ、出生率は全体として減少傾向が続いていました。九七年一〇月の人口問題審議会報告では「少子化は我が国社会への警鐘」と明確に述べ、少子化はマイナス面が多いとの立場で、その背景や今後の見通しなどについて仔細な検討を行っています。

この間、厚生省の審議会などでは少子化に対する議論が早くから行われており、たとえば中央児童福祉審議会の基本問題部会では九六年一二月に「少子社会にふさわしい児童自立支援システムについて（中間報告）」といったものが出されていますし、それに呼応して児童福祉法の改正も行われています。九八年七月には同じ審議会の企画部会・育成環境部会合同部会が「今後の児童の健全育成に関する意見」を出していますが、喫緊の課題として「心の教育」を強調する同時期の中教審答申に比べて、施策への意見を淡々と提示しているにすぎない点は対照的だといえるかもしれません。

一方、総理府（現・内閣府）でも九八年三月に「次代を担う青少年について考える有識者会議」が招集され、翌四月の提言では少子化対応を含めた青少年問題への取り組みが論じられています（この報告ではまだ「奉仕活動」の概念は登場しません）。これを引き継ぐ形で同年秋には「少子化への対応を考える有識者会議」が招集され、一二月に提言が出されています（「夢ある家庭づくりや子育てができる社会を築くために」）。この提言は働き方や性別役割分業の見直しといった点にも言及しており、行政の垣根を越えて現代につながる基本的な施策の枠組みが模索されていることがわかります。

こうした流れを受けて九九年五月から「少子化対策推進関係閣僚会議」が開催され、一二月には「少子化対策推進基本方針」が発表されました。これをもとにした具体的な実施計画が、「エンゼルプラン」の後継となる「新エンゼルプラン」と呼ばれるもので、子育て支援サービスの充実や雇用環境の整備、教育環境の充実などが謳われました。教育施策には、当時実施中だった「全国子どもプラン」の影響がはっきりとみてとれます。

このプランと並行して、総理府では九九年から「少子化への対応を推進する国民会議」をおおむね年一回の割合で開くようになり、早くも〇〇年四月に具体的な取り組みの推進についての決定が出されています。おおむね「新エンゼルプラン」に沿った内容で、特に中高生が乳幼児とふれあう体験学習の実施という項目が目を引きます。後に全国的な普及をみせるこの事業は、意外にも教育機関ではなく乳幼児サイドの団体が積極的に検討している点は興味深いといえます。また、児童虐待防止に向けた取り組みは同年一一月の「児童虐待防止法」成立へと結実していくこととなります。

「新エンゼルプラン」にもとづいた施策は行政の枠を超えて横断的に行われ、〇一年には「子どもゆめ基金」の設立や「待機児童ゼロ作戦」を盛り込んだ「仕事と子育ての両立支援策の方針について」が閣議決定されます。そして、文科省サイドでは九八年中教審答申や教育改革国民会議の報告を受けた形で家庭教育へのテコ入れが本格化しました（具体的には社会教育法の改正など）。翌〇二年も「待機児童ゼロ作戦」の推進など「子育て支援」施策が展開されますが、学校週五日制の完全実施や「総合的な学習の時間」の開始に伴う文科省の意気込みも相当なもので、すでに一般化する兆しのあった「奉仕活動」の推進と、社会教育法の改正などを受けた家庭教育の支援などが政策の中軸となってきていました。

こうしたなか、厚生労働省（〇一年改組で発足）の呼びかけで開催された「少子化社会を考える懇談会」は〇二年九月に中間とりまとめを公表し、ここでの提案を集約する形で「少子化対策プラスワン」が厚労省自身の手により策定されました。そして、施策の推進のために同年一〇月、厚労省内に「少子化対策推進本部」を設置しました。

さて、この施策には、きわめて注目すべき点が含まれています。それは、従来文科省が提唱してきた「生きる力」というテーマが厚労省の施策に登場するという点です。しかも、すでにこの時点で文科省の施策から当初意味していたような「生きる力」は後景に退き始めたにもかかわらず、厚労省サイドで拾い上げるような形になっています。もっとも、厚労省では「生きる力」を、次世代の親となる力を育むことと関連して捉えているようで、先に述べた中高生と乳幼児の交流事業などが具体的な施策として挙げられています。しかし、「奉仕」といった文言は用いられていません。

この施策の時点で、厚労省の施策の軸は四点に集約されています。①男性を含めた働き方の見直し、②地域における子育て支援、③社会保障における次世代支援、④子どもの社会性の向上や自立の促進…これがベースとなって〇三年三月には先述の「閣僚会議」で「次世代育成支援に関する当面の取組方針」が定められ、いよいよ「次世代育成」をテーマとした施策群が姿を現してくるのです。ちなみに、この方針で「次世代育成支援」は「次世代を担う子どもを育成する家庭を社会全体で支援すること」と定義されており、「父母その他の保護者が子育てについての第一義的責任を有するという基本的認識の下」で施策が進められます。このあたりは「教育改革国民会議」の影響が色濃く滲み出ています。

この年の七月、「次世代育成支援対策推進法」と「少子化対策基本法」が相次いで国会を通過、前者では地方自治体や従業員が三〇〇人を超える大規模事業者に行動計画の策定が義務づけられ、後者では雇用環境の整備や保育の充実などといった点が盛り込まれました。

翌八月には行動計画策定指針が定められ、各自治体や事業者はその対応に迫られることとなりました。しかし、年度末に厚労省が行った調査によれば、基礎自治体のうち計画策定に関わる事務をすべて直営で行っていた自治体は一八％にすぎず、およそ四分の三の自治体は業務の一部または全部を外部委託していたということで、全体として地域の課題に即した行動計画になっているかどうかはいささか疑問といわざるをえません。

「次世代育成」をテーマとした厚労省内の研究活動も花盛りとなり、まだ法制度が整備される前の〇三年三月の時点で「次世代育成支援に向けた地方公共団体における行動計画のあり方について」が出されました。早くも行動計画の策定に向けた研究が行われていたわけで、全国で行われているおびただしい数の取り組みが紹介されています。また、同時期に企業行動計画研究会の報告も出されています。ついで八月には「次世代育成支援施策の在り方に関する研究会」の報告書が出ており、ここで「子育ち支援」の語が用いられているのは注目すべきでしょう。ただ、内容的には「子育て支援」を中心に構成されており、「普遍化・多様化」など五つの基本的方向に沿った施策の推進が提唱されています。ここでは、直前に公表された経済財政諮問会議の「経済財政運営と構造改革に関する基本方針二〇〇三」に登場する「就学前の教育・保育を一体として捉えた一貫した総合施設」についても言及しています。

これがのちに「認定こども園」の名称で設置されることになる施設です。

ところで、内閣府の青少年育成推進本部（〇三年六月設置）では〇三年九月に「青少年育成施策大綱」を策定しています。これは九九年の青少年問題審議会答申で提唱された「青少年プラン」（仮称）の策定に向けて〇二年四月に設置された「青少年の育成に関する有識者懇談会」の報告書をふまえ、今後の青少年育成に関わる施策の基本方針を示しています。ここでは「次世代育成」と関わりながらもまた別の施策が顔をみせ始めています。

たとえば、「食育」の推進がそれです。「食育」が本格的に提唱されたのは〇二年四月の農林水産省「食と農の再生プラン」であるとみられます。いわゆるBSE問題などで食の安全に関する社会的な注目が集まったことが直接の要因ですが、文科省でも子どもの体力低下への対応や栄養教諭制度の整備といった観点から、また厚労省では「21世紀における国民健康づくり運動（健康日本21）」との関係から「食育」への関心が高まっていました。これらが契機となって〇五年六月に「食育基本法」が成立し、具体的な方針は「食育推進基本計画」を策定して実施に移すという動きにつながっていきます。

また、青少年の社会的自立に関する言及も目立ちます。詳細に触れる余裕はありませんが、「フリーター」など不安定雇用者の増加、若年層の失業率や後にニート（NEET）の呼称で社会的な注目を集める無業者の比率の増加などへの対応策として、〇三年六月に「若者自立・挑戦プラン」が策定されました。これにより若年者の起業支援や「ジョブカフェ」の整備などが〇四年度から実施に移されますが、すでに次世代育成支援施策のなかで若者の安定就労が取り上げられたこともあり、青少年の社会的・職業的自立は政策的に無視できないテーマとなっていくのです。

　このような背景のもと、国の基本施策として〇四年六月に「少子化社会対策大綱」が策定されますが、ここでは単に親の子育て支援を推進するというだけでなく、簡単にいえば「子産み」の推奨という方向性が明確となってきます。たとえば中高生などと乳幼児とのふれあいについては、単なる交流体験にとどまらず、ボランティアベビーシッターの育成など「育てる」ことそのものを意識化させていく施策が打ち出されており、この頃から学校における子育て体験プログラムもさかんに行われるようになるのです。

6 今般の子ども施策の枠組みと特徴

「少子化社会対策大綱」にもとづいた施策は「新エンゼルプラン」の後継となる事業での実施が図られていくこととなりました。それが〇四年一二月に決定された「少子化社会対策大綱に基づく重点施策の具体的実施計画について」（子ども・子育て応援プラン）であり、現在行われている子育ち・子育て支援施策の基本的な枠組みが示されています。

　このプランは総花的な内容ですが、「新エンゼルプラン」と比較すると、めざすべき将来的な社会像がはっきり提示されているのが特徴です。具体的な施策としては、子育てバリアフリーの推進や、義務教育を中心とした学校改革（学校運営協議会の設置など）といった施策が目を引きますが、全体的には保育事業を中心とした「子育て支援」から、各省庁が総力を挙げての「子産み推奨」施策に傾倒しているような印象を受けます。

　ところで、このとき文科省では「地域教育力再生プラン」なる施策が展開されており、〇四年から三ヵ年計画でこのプランの目玉ともいえる「地域子ども教室」の全国展開を始めていました。当初「子どもの居場所づくり新プラン」と呼ばれたこの事業は、いわゆる「全児童対策」の事業も包摂しながら急速に普及し、〇四年度の約五千ヵ所から三年目の〇六年度には約一万ヵ所にまで増加しています。基本的には委託事業であり、補助金打ち切り後の活動の継続性など多くの課題が指摘されましたが、異年齢の子ども同士の交流や、地域の大人が子どもの活動に積極的なかかわりをもつ場を数多くつくることができたという点で一定の成果を残したともいえましょう。

しかし、なぜ「地域子ども教室」がここまでの普及を見せたのかについては検討の余地があるのではないでしょうか。施設・設備などハード面が重視された「全国子どもプラン」と違い、自治体への委託事業で内容的にもソフト面が重視されたことや、この間にＮＰＯなどの市民活動が広く一般化していたことなども要因でしょう。しかし、その普及の主たる要因は、事実上後継の事業となった「放課後子どもプラン」の内容を検討することでいっそう鮮明になってくるものと思われます。

「放課後子どもプラン」は文科省の「地域子ども教室」と厚労省の「放課後児童健全育成事業」を統合する形で〇七年度から実施されているもので、従来の「地域子ども教室」は「放課後子ども教室」に名称を変え引き継がれています。直接的には〇六年六月の少子化社会対策会議決定「新しい少子化対策について」で提起されたもので、その後中教審の答申等（「次代を担う自立した青少年の育成に向けて」答申および「新しい時代を切り拓く生涯学習の振興方策について」中間報告）や安倍晋三首相のもとで〇六年一〇月に設置された「教育再生会議」の報告などでも取り上げられるに至りました。

「放課後子どもプラン」が実施された背景はいくつか考えられますが、ここではおおむね四点に絞って簡単にふれてみたいと思います。

第一に、子どもの「安全」をめぐる動向です。〇一年に発生した大阪教育大学附属池田小学校での児童殺傷事件をはじめ、学校内外で子どもが「不審者」による犯罪の被害を受ける事例が数多く報告されるようになりました。文科省では〇四年一月に「学校安全緊急アピール」を発表し、その前後から地域でボランティアによる防犯・子どもの見守りといった活動が各地で急速に普及し始めました。これに関連して子どもの「居場所」づくりも安全対策の一翼を担うという考え方がみられるようになり、地域の住民にわが子をみてもらえるという親の安心感が「地域子ども教室」の普及を後押しした面も無視できないでしょう。

第二に、子どもの「学力」の向上です。「放課後子ども教室」では居場所づくりや体験学習の実施だけでなく、学校での学習の補習などを行うことも視野に入れています。〇六年四月には当時の小坂文科相が「公立塾」の設置を公表し話題となったことや、「教育再生会議」の第一次報告で「ゆとり教育」を見直し学力向上を図るという点が明確に打ち出されたことなどが契機となり、学校の授業時間外で補習を行う公的な場の設置の要請が高まることとなりました。「放課後子ども教室」はこうしたニーズを汲み取って、教職をめざす学生や退職教員を動員した学習（補習）活動にも力を入れていくこととなります。

第三に、新たな生涯学習振興方策の一環としての位置づけです。これは従前からの流れでもありますが、とりわけ〇六年一二月の教育基本法改正によって「生涯学習の振興」が政策的により大きな意味をもつこととなりました。また、〇三年の地方自治法改正で登場した「指定管理者制度」の導入が進むにつれて、子ども関連施設にも民間活力の導入が図られていくことになります。こうした動向は、子ども関連事業の「外部化」を促進させる要因ともなり、改正教育基本法にもとづき今後策定されるであろう「教育振興基本計画」での位置づけとともに注意しなければならない点です。

第四に、厚労省サイドからの要請としての待機児童の解消です。ここ数年、学童保育の大規模化や待機児童の増加（〇五年厚労省調査で一万人を超えるといわれる）が課題となるなか、厚労省でも喫緊の対応を迫られています。そこで「認定こども園」に続いて、学童期の子どもに対する施策においても文科省との接近が試みられ、実績を挙げていた「地域子ども教室」に乗り入れる形で待機児童の解消を図ろうとしたのです。実際、「地域子ども教室」を子どもの一時預かりという認識で利用する親の姿も散見されたのは確かですが、このような形での待機児童の解消には、従来の学童保育との質的な違いなどを根拠として、学童保育関係者から多くの問題が指摘されているところです。

こうした背景を考えると、「放課後子どもプラン」は子どもの育ちを第一義的に考えた施策になっているかどうかは疑問といわざるをえませんし、そもそも「地域子ども教室」普及の理由もどちらかといえば大人社会の要請（政策的にも実生活の上でも）が後押ししていた部分が大きいのではないでしょうか。もっとも、「放課後子どもプラン」は必ずしも各地域の具体的な事業レベルでまだ全体像が現れているとはいえず、今後も引き続きその動向に注目していかねばならないでしょう。

このほか、〇七年二月に「「子どもと家族を応援する日本」重点戦略検討会議」が発足し、同年一二月に取りまとめが公表されました。ここでは「ワーク・ライフ・バランス」（仕事と家庭との調和）を実現するという視点での施策が中心となっており、意外にも「子産み推奨」のトーンは影を潜めています。一方で「教育再生会議」の第二次報告にみられる「徳育」の教科化や高校における「奉仕活動」の必修化といった方向性が模索されるなかで、「ワーク・ライフ・バランス」のような方向性での子育て支援施策は具体的にどのようなものとなるのか、その動向を注視しつつ丁寧に検討していくことが必要となるでしょう。

7　おわりに

ここまで子育ち・子育てに係わる政策を概観してきましたが、すでに紙数が尽きました。最後に、これらの政策の流れが意味するものと、今後の分析の課題について簡単にまとめておきたいと思います。

本章でみてきた施策の源流は、基本的には一九九四年の「エンゼルプラン」にあるといってよいでしょう。同じ年、日本は子どもの権利条約を批准しているのですが、その後現在に至るまで、同条約の理念をふまえて行われた政策はきわめて少ないのが特徴です。

実は、〇三年の「青少年の育成に関する有識者懇談会」報告書では、多様な形の社会的自立の支援や「子どもの権利条約」（報告書では「児童の権利に関する条約」）の理念を生かし「青少年観の転換」を図るために新たな児童憲章の制定を検討する…といった非常に積極的な提言を行っています。しかし、この間にすっかり定着してしまった「心の教育」「奉仕活動」といったキーワードのなかで、その意味はことさら大きく取り上げられることもなく、少子化への対策と新しい「公共」の創出という「社会的要請」のなかで、地域社会を舞台とした子育ち・子育て関連の施策群が中心的に展開されていくこととなったのです。

改めて検討されなければならないのは、こうした施策が真に子どものものになっていたのかどうか、換言すれば「子どもの最善の利益」を考慮したものであったかどうかという点でしょう。国連子どもの権利委員会ではこの間二度にわたり（九八年、〇四年）日本政府に対して最終所見を提示していますが、積極的側面として評価している施策は限定的なものでしかなく、多くの懸念事項が表明され、また勧告が行われています。

つまり、逆にいえば、これらの施策は依然として「大人の都合」で行われていたに過ぎないといえるのではないでしょうか。そのすべてが当てはまるわけではないにしても、国連勧告で指摘されているような点は早急に是正されなければなりませんし、具体的な施策はいわゆる有識者ばかりでなく、子どもの現場に寄り添ってきた職員や地域住民を交えて、子どもの育ちを第一義的に考慮した内容のものが打ち出される必要があるのではないでしょうか。

そうした意味で、子育ち・子育て施策を検討するにあたっては「地方自治」の視点を忘れてはならないことを付言しておきたいと思います。今回はおおむね国レベルの施策の検討にとどまりましたが、それ以上に自治体の個性的な施策は星の数ほど展開されています。そのなかには東京都の学校改革のように問題の多いものもあれば、兵庫県川西市の「子どもの人権オンブズパーソン」のように先進的で意義深い取り組みも存在します。道州制への移行が政治日程に上っているいま、とりわけ基礎自治体がどのような子育ち・子育てのプランを描いていくのか、子どもや親、地域住民との共同という視点もふまえながら、今後の取り組みに期待したいところです。

（ほしの　かずと）

増大する廃校舎の活用と研究者の役割

小木 美代子

近年、少子・高齢化や平成の大合併によって、廃校舎が未曾有に増大しています。学校施設は国の貴重な財源によって建設され、運営されているとともに、多くは街の中心に存在し、地域住民にとってはシンボル的存在であり、身近な公共施設であることから、学校施設として使用されなくなった後も、地域の実情や需要に応じて積極的に活用されることが望まれます。

廃校舎は、過疎化によるものはもとより、市町村合併、都市部での人口の高齢化や住居の郊外移転、生産工場（働き場）の海外移転や消失など、さまざまな要因によって引き起こされてきています。また、国の政策方針として、主として財政的にみて不合理な小さな学校をたたんでいく方向にもあります。

文部科学省の調査によれば、最近四年間の廃校舎の活用状況について、現存する廃校舎の約六割が活用されていることになっており、なかでも社会教育施設や社会体育施設としての活用の割合が依然として高い割合を示しています。しかし、近年は、自然体験施設として、交流館として、老人福祉施設として、さまざまに活用されてきているのが今日的特徴であるといえます。また、最近では、地方公共団体と民間事業者、ＮＰＯなどが連携しあい、起業家支援のためのオフィスや、地元特産品の加工工場として廃校が活用されるなど、これを地域資源としてとらえ、地域経済の活性化につなげていこうという取り組みも多く見られるようになっています。

このように、廃校は、地域の重要な資源である視点から、その有効な活用を考えていくのが筋ですが、その場合に、学校はもともと子どものための施設ですから、まず第一に、子どたちの施設として残すことを考え、子どもたちが自由にのびのびと使える施設としての活用を模索したいものです。いうまでもなく、子どもとは〇歳から十八歳までを指します。今、乳幼児期の子どもと若い親たちの居場所は、少子化に伴う子育て支援政策の推進によってそれなりに増えていますが、小学校に入ってからの学校外・地域の居場所は限られています。ましてや中・高校生の居場所は希少です。多くの人たちが指摘するように、小学低学年対象の学童保育を除けば、子どもたちの居場所は、コンビニや学習塾くらいしか見当たらないというのが現状でしょう。

いま、放課後子どもプランの推進によって、空き教室を活用しての「学童保育」が増えていますが、これは子どもたちの発達を真に保障する方法・施策といえるでしょうか。子どもたちは、古くてもよいので、広々としていて自治的に自由に使える場所を求めています。その点で、おおもり子どもセンター（東京・大田区）や篠山チルドレンズミュージアム（兵庫）のように、廃校を丸ごと子どもたちの放課後・地域の施設にするというのが望ましいのではないでしょうか。それには、子どもの発達研究や教育理論を引っさげた研究者の存在が不可欠であり（現時点では、統廃合校舎の活用をメインテーマに据えている研究者は見当たらない）、彼らと設置者、実践者、地域住民等とのコラボレーションが望まれるのです。

（おぎ　みよこ）

「子育ち」に込めた思いを もっと強くメッセージしてほしい

佐藤 修

私が、「子育ち」の世界に関わり出したのは、一五年近く前になります。「少子化」が話題になり出した頃ですが、当時、財界人たちの、少子化は産業界にとって重大な問題であるという発言に違和感をもちながらも、逆にそれに刺激されて、新しい保育システムを考える研究会を始めたのです。

その研究会での理念がソーシャル・フォスターリズムというものでした。簡単にいえば、社会こそが子育ての責任者という考えなのですが、そこに秘めたメッセージは、「子どもの育ちから大人たちが自らの生き方を見直す契機を得ていこう」というものでした。子どもたちの育ちの問題は、大人たちの生き方の反映だと考えたわけです。その研究会は、いろいろなものにつながってはいきましたが、この理念は残念ながら周辺の人たちにさえ理解されずに終わってしまいました。

その挫折感がまだ残っている頃に出会ったのが、「子育ち学」でした。

当時、私は各地のまちづくり活動にも関わっていましたが、そこで実感していたのが、今でいう「当事者主権」です。当事者が主役にならないまちづくりは空洞化し、持続しないことを各地で体験していました。

そんなこともあって、子どもが主役というメッセージを込めた「子育ち」という言葉に大きな共感を覚えました。今では盛んに使われるようになっていますが、当時は実に新鮮な響きを持っていました。以来、ささやかな関わりをもたせてもらうことになったのは、まさに「子育ち」という言葉の魅力でした。

しかし、その後の展開にはいささかの不満があります。実践と研究を統合している子育ち学にもかかわらず、これまでの「子育て」発想とのパラダイムの違いを掘り下げられていないことがその一因ではないかと思います。言葉としての「子育ち」が広がっている今こそ、改めてしっかりしたメッセージを出していくことが必要です。

私はいま、「大きな福祉」（みんなが気持ちよく暮らせる社会づくり）をめざして、さまざまテーマや実践者のつながりを支援する活動（コムケア活動）に取り組んでいますが、第三者が「つなげる」よりも、当事者が「つながる」ほうが効果的です。「つなげる」と「つながる」の違いは、「子育て」と「子育ち」の違いと同じく、視点の違いです。視点を変えると、問題は全く違ってみえてきます。

この活動では、介護や子育てなどの個々の問題を考えるのではなく、当事者の生活の視点からさまざまな問題を統合的に見ていく姿勢を大事にしています。たとえば、子育て支援の発想で、子どもや子育てを対象化してしまうと、問題の本質がみえない恐れがあります。むしろ子どもの生活に視座をおくと、問題が全く違ってくる可能性もあります。そしてそれは子どもだけではなく、社会のさまざまな問題へと広がっていくはずです。

そうした発想と取り組みが、まさにいま求められています。

これからの「子育ち学」の展開に大きな期待をもっています。

（さとう　おさむ）

第 2 部
実践編

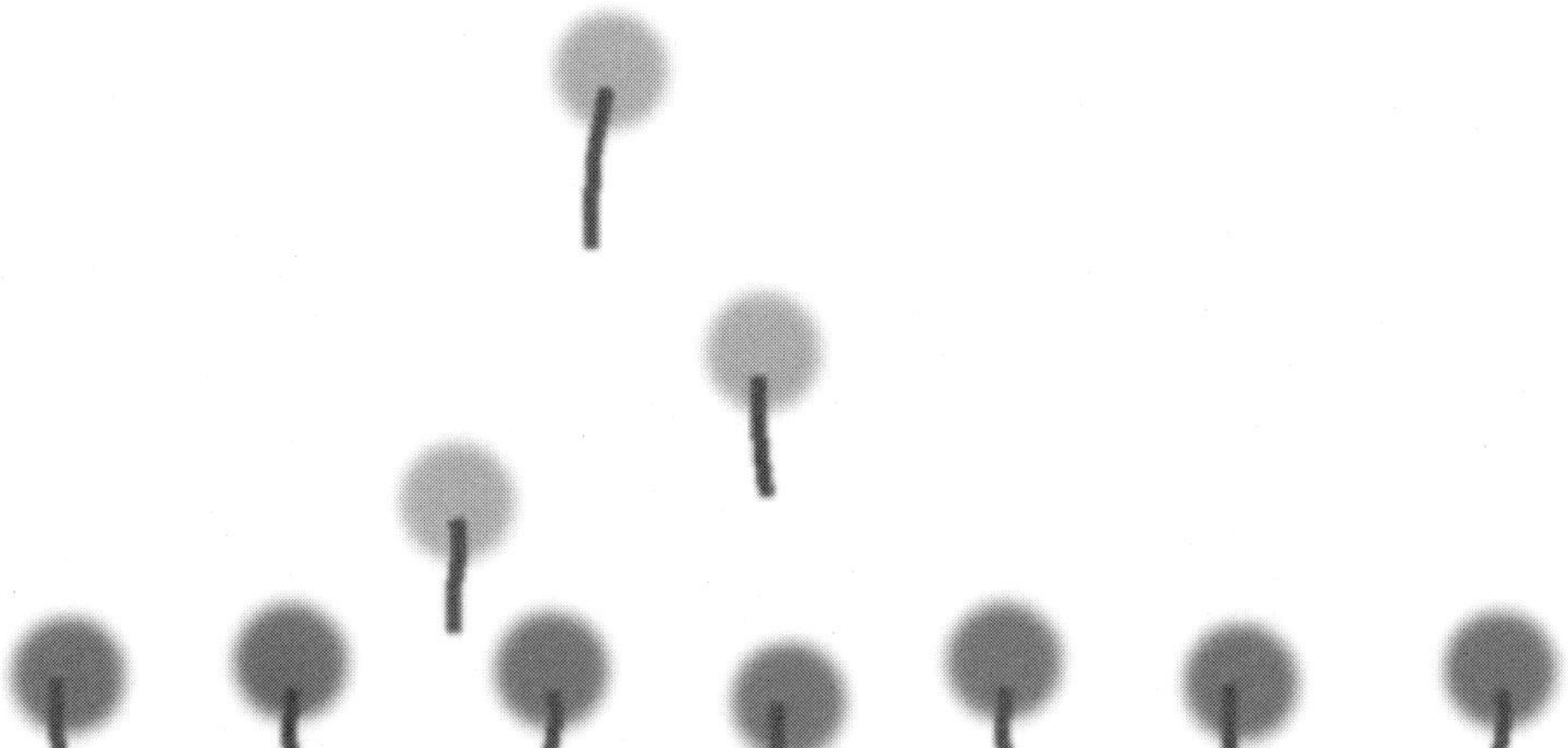

はじめに

第２部は、編集委員が厳選した五つの実践事例を紹介します。紹介したい事例はたくさんあるのですが、あえて分野や地域のバランスにこだわらず、最小限に絞りこみました。その理由は、「子育ち・子育て支援」をするうえでの理念や目的、ビジョンを丁寧に描き出したいということです。それは、地域に発信しつつ共感の輪を広げていくことを重視しているということでもあります。当り前のことでありながら、とても奥深く、そして難しいことばかりです。

五つの実践事例に共通した視点として、第一に、その地域で共感してくれる大人をどう増やしていくのか？　という点が挙げられます。子育ち・子育て支援の活動を継続させる上で欠かせないのは大人の存在です。子どもの育ちだけを考え子どもに働きかけるだけでは、活動は継続できないでしょう。活動の理念や目的を、その地域の大人がどれだけ理解してくれるのか、共感してくれる大人をどれだけ増やしていけるのか、ということを考え、活動のなかに取り組んでいくことが大切になってくるのだと思います。

第二に、関わる人の資質について挙げられます。さまざまな年代の人が共通の目的意識をもって子どもに接することの大切さを改めて考える必要があるのでしょう。

最後に、団体の役割について挙げられます。民間団体、公共団体それぞれの役割が問われているなかで、子どもが主体的に取り組む場所をそれぞれで創っていくことが大切なのでしょう。活動の評価はさまざまですが、数値以外の軸を作るとすれば、つながる力と共感の輪をどれだけ築けたか?ということになるのではないでしょうか。

編集委員会では、ただ単に本を刊行するだけでなく、計画段階から刊行した後までを一つのイベントと捉え、プロセスを楽しむこともコンセプトの一つにしました。せっかく厳選した実践事例を単に本で紹介するだけではつまらない。せっかくだから集まってみんなの想いを語り合って共有しようと考え、二〇〇七年九月中旬に座談会を開催しました。冒頭にそのときの概要を紹介します。

そして、すべての原稿が集まった後の十二月初旬、編集委員による座談会を行いました。各事例を読んでの意見交換をしたあと、改めて、すべての事例に通じるものを話し合いました。それぞれの原稿の最後に座談会で出された意見や感想を掲載しました。あわせてお読みください。

松井　茜（まついあかね）

座談会レポート
～なぜ子育ちなのか？～

二〇〇七年九月中旬。秋風が目黒の坂道をゆっくりと登り、下りし始めた秋の日、編集委員会主催の座談会が開かれました。

座談会は、実践編とコラム編の執筆者四名の方の話題提供からはじまりました。それぞれの実践を紹介してもらいながら〝子どもが育つ〟ために、何が今必要とされているのかを語り合い、共有することを柱に話し合いが進められました。

まず、あいさつを兼ねて、代表の深作拓郎さんから、この本のコンセプトや「子育ち」への想いについての話がありました。子育ち学ネットワークは、〝子育ち〟と〝子育て〟の両面を視野に入れ、子どもについて検討していくことが大切であると考えています。〝子育ち〟とは、子どもが育つことをいい、〝子育ち支援〟とは、子ども自身の遊びや学びなど、子どもが育つ力をサポートすることをさします。具体的には、児童館や公民館、子ども会や子ども劇場・おやこ劇場といった地域子ども組織などによる

直接的な支援があげられます。〝子育て支援〟とは、保護者をはじめ育児を行う大人のことをいい、〝子育て支援〟とは、子育てを行う大人をサポートすることを指します。具体的には、地域での子育てサロンや育児サークルなどがあげられます。

そして、「子育ち・子育てを深めていくためには、実際に現場の様子や考えを聞き、子どもが育つ〝今〟の状況を把握することが必要です。今回の座談会は、子育ち学ネットワークなどをはじめ、子どものサポートを考える立場が、現場の姿を理解し、実際に何が必要とされ、地域や市民・行政はそれぞれの立場から何ができるのかを検討し、明確にしていきたい」と話しました。

座談会は、同会事務局長の星野一人さんから、「現在の子どもが育つ社会は、昔と比較して豊かになりました。豊かの本当の意味はなんでしょうか？」という〝豊かな社会〟の意味について、各参加者が考えさせられる投げかけにより幕が開きました。

野の花館は子どもの心を開放する場所

トップバッターは、「野の花館」(宮崎県) 理事である則松和恵さんです。

「野の花館は、宮崎県・土呂久にあった古い民家を高鍋の地に移築し、今では〝子どもたちが集まる場所〟として新しい役割を担っているのです。家の歴史と共に子どもたちの思い出も詰まっています」と嬉しそうに話をしてくれました。そして、「野の花館は、学校とは異なる子どもの一面を見ることができる場所です。優等生も問題児と言われてしまうわんぱくな子どもも、野の花館では同じです。どの子も同じであり、野の花館は子どもの心を解放する場所ですね。」ともおっしゃっていました。子どもは、多くの顔をもっており、どの顔もその子自身であるといえます。

野の花館は、異年齢や学生ボランティアが関わりをもつだけでなく、世代や文化の交流の場としての役割もあります。定期的に民家全体を舞台とし、〝演奏会〟などを開催しています。見ている子どもだけでなく、演じ手である大人まで生き生きとした表情を見せるそうです。則松さんは、「今、子どもである子ども世代が大人になって、自分の子どもへ伝えていけるような場所にしたいです。」と野の花館の姿に希望をもっていました。

野の花館は、子どもが歴史を身近に感じられる場、学生ボランティアや子ども、保護者などの多くの出会いの場、子どもが心を解放する場など、子どもと子どもを取り巻く環境にとって重要な場所になっていることが感じられました。

のびのびと心と体を開く場所

次に発言されたのが、大型の県立児童館「いわて子どもの森」（岩手県）の館長である吉成信夫さんです。いわて子どもの森は、〝全国の児童館の見本〟と評価が高い児童館のひとつです。吉成さんは、「いわて子どもの森を子どもが楽しく〝のびのびと心と体を開く場所〟にするまでに、苦労がありました」と話してくれました。

吉成さんは、館長として赴任した際、児童館のコンセプトを見直すことを初めに考えたそうです。「より良い児童館にするためには、個と集団のバランスを大切にし、児童館の役割や理念をきちんと把握することが大切なのです。今の児童館の多くは、役割の問い直しが、必要となっています。」と問題点を捉えたうえで、「いわて子どもの森は、〝脱学校〟であり、〝子どもが子どもらしくのびのび成長できる場所〟として、位置づけられる必要性を実感し、活動しています。」と県立児童館としての役割を語っていました。

そして、「〝脱学校〟として「いわて子どもの森」が機能するためには、〝子どもを評価しない〟ということで子どもがもつ安心感が重要なのです。」とおっしゃっていました。

近年、子どもの育つ環境として田舎にリラクゼーションを求めて訪れる人が多いといいます。吉成さんは、「田舎の方がリラックスできる場所として思われがちです。実際に、人と人の交流や自然の良さなどの魅力が田舎にはあります。しかし、中途半端に見張られている感覚があり、子どもにとって圧力がかかりやすい面もあるのです。」と現代の子どもを取り巻く環境の特性を語っていました。「このような環境のなかにいる子どもたちには、ストレスや圧力を減らすことが成長にとって効果的ではないでしょうか。」とおっしゃっていました。いわて子どもの森は、現在の子どもの環境を視野にいれ、本来の〝のびのびした子どもらしさ〟を見直し、育む場所であることを大切にしていることがひしひしと伝わってきました。

子どもが主体的に活動するためには、大人との関係が重要

次の発言者は、NPO法人「ゆめ・まち・ねっと」（静岡県）代表である渡部達也さんです。ゆめ・まち・ねっとは、活動場所の拠点を公園（島田公園）という子どもにとって身近な場所に設けた「冒険遊び場」です。現在の「冒険遊び場」は、子どもの〝サンマ〟（空間・仲間・時間）が失われつつある危機

に対応する、子どもたちの成長の場です。

渡部さんは、「遊びは遊び。心から楽しめればいい。」「遊びは、学習の場ではなく、〝子どもが楽しむことにより子ども自身が、自分で必要なものを得る〞体験であることが重要なのです」と〝遊び〞についておっしゃっていました。そのために、ゆめ・まち・ねっとでは、子どもの自主性や主体性を尊重し、子どもが自分自身で時間の流れを決定し、子ども自身が遊びを展開していくスタイルを大切にしているということでした。

渡部さんは、「子どもが主体的に活動するためには、大人との関係が重要です。大人は子どもの成長を見守り、相談がある時には親身になってのる。この距離感が大人との信頼関係を築くのだと思います。互いに尊重しあえる関係は、大人の子ども心を刺激するものですよ。」と話していました。互いに尊重しあえる関係は、大人の子ども心を刺激するといいます。ゆめ・まち・ねっとは、公園を使用するため公園使用許可が必要となります。渡部さんは、「なかなか認められなかった時、「やってもらう」意識に気がつき「やる」というものに変化しました。」とお話しされていました。この意識の変化は、「冒険遊び場」で可能な活動を最大限に広げるのに重要なのだそうです。そのためには、子どもと一緒に楽しむことができる大人を発見することが、成功の秘訣であると渡部さんの報告より感じました。

ゆめ・まち・ねっとは、〝子どもたちの自由に使える空間、共に体験を共有できる仲間、そして時間に縛られないもの〞として、現代の子どもたちにとって重要な場所として存在しているといえるでしょう。

周りを考慮することが重要

最後は、コミュニティケア活動支援センター事務局長の佐藤修さんです。子どもの問題について佐藤さんは、「子どもの問題は、周りの環境とつながりが考えられます。子どもの問題を解決しようとする際、周りを考慮することが重要です。」と子どもと周りの環境の密接さについておっしゃっていました。子どもは、周りの環境に影響されることが多くあります。年齢が低くなるほど、子どもが生活している環境は狭くなります。環境が狭いほど、子どもに与える環境ひとつひとつの影響は大きくなるといえるでしょう。「〝つながり〟は多くの立場にとって、貴重な成長の場です。街の成長は、街の活気だけでなく、子ども、老人、障がいをもつ人などのつながりや、それぞれの「主役だ」という意識が育つと考えられます。これと同様に、子どもが育つことは、それを取り巻く大人も成長するといえるでしょう。もちろん、子どもから入り、社会の流れが変化することも十分に考えられます」と語っていました。

実践が定着する理由

それぞれの報告のあと、意見交換が行われました。そのなかでは、「なぜ成功したのか」という点に焦点が当てられていました。成功のポイントとしては、それぞれの活動によって実践方法は異なりますが、共通して〝人との関わりを大切にし、子どもの可能性を信じて大人が見守ること〟があげられていました。人と人との関わりは、子ども同士だけでなく、大人同士や大人と子どもとの関わりを意味します。関わりをもつことにより、大人の子どもがもつ可能性への理解が深まるといえるでしょう。

子どもたちは、日常的な空間が舞台となり、そのなかで思い切り体を動かし、成長をしていきます。

子どもの遊びは発想力に満ち溢れているため、大人が見ていて心配をしてしまうことも多々あります。出席者たちは、親の心配に対し「親と子どもは、同じではないという意識をもつことが大切です」と語っていました。また大人は、子どもが挑戦することに心配を抱きやすいのですが、口や手を出さず、子ども自身にまかせ、〝見守る心〟をもつことが重要であると話していました。

子どもは、楽しみながら多くの体験をし、自分の力や時に周りに助けられながら成長していく時期であると、皆さんの話から改めて感じました。

今、子どもが必要としていることは、〝子どもが子どもらしく生活することができる環境〟であるように感じます。必要とされている環境は、特別な環境ではなく日常という身近な環境であり、子どもが〝心から楽しめる〟時間や仲間、空間の準備を大人がサポートし、子ども自ら、自分の思いのままにのびのびと過ごすことのできる環境ではないでしょうか。

神田奈保子（かんだ　なおこ）

事例 1

児童館の新たな役割をひらくために
――合言葉は、のんびり・ゆっくり・ぽけー

岩手県立児童館いわて子どもの森

全国で二二番目の大型児童館として平成一五（二〇〇三）年五月五日にオープンした「いわて子どもの森」は、豊かな自然環境の残る西岳山麓に広がる三〇ヘクタールの広大な敷地面積を有する県立の児童館です。「おとなも子どもも、のんびり、ゆっくり、ぽけーっとしようよ」を基本コンセプトとして、子どもたちの心とからだをのびのびと解き放つ環境づくりを第一に、五感を通して楽しみながらの遊びとまなびの体験ができるよう、ソフト主体による館運営の考え方を開館当初より一貫して取り入れてきました。

しかし、こうした考え方は構想段階からあったものではありませんでした。抜本的修正を図らなければならなかった経緯をはじめに語りたいと思います。

● 開館への道のり

私が館長になることが決まったのは、開館前年の秋のこと。すでに建物の外装や周辺の付帯整備が

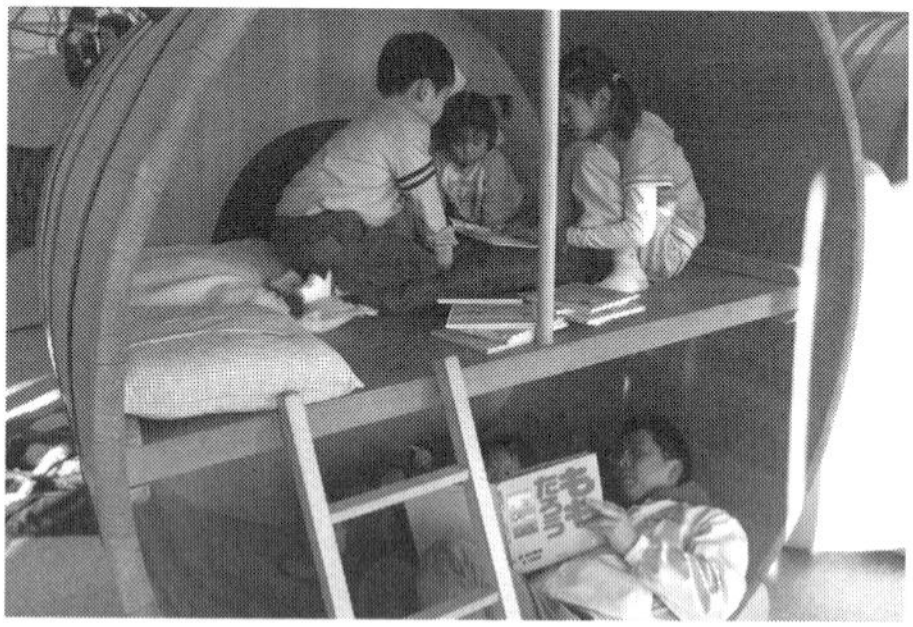

終了し、内装仕上げに入り始めた頃のことでした。初めて建設途中の現場に出向いた時のことです。車窓に広がる山腹の広大な斜面に銀色に輝く大きな屋根とコンクリートの巨大な塊が忽然と姿を現しました。思わず「サティアン！」と私は呟いていました。館内に入ると、がらんとした無機質な空間は妙に清潔で、冷たくうつろな感じがしたのです。いきいきと瞳を輝かして遊ぶ子どもの風景を想像できなかった、この時の身体的な直感がその後の抜本的改革につながっています。このまま開館すれば、どこにでもあるレクリエーション施設になってしまい、子どもは集まらない。ではどうするか。

そこで考えたのは、まず、理屈抜きで誰もが楽しいと感じることができるコトやモノが溢れる空間に再構成しようということでした。その象徴として作ったのが寝転がって読める絵本の部屋「ヨムヨム」です。樽を横にして作った二段ベッドに寝転がってもいいし、うとうと眠ってもいいのです。事実、土日はお父さんがここで疲れて眠っている姿をよく目にします。児童館は、福祉的な観点から生まれた施設である以上、ディズニーランドのようなエンターテイメント施設とも違います。子どもが日頃感じている心と身体の抑圧を解き放つことに主眼を置いた遊具や空間デザインに貫かれた考え方が必要だったのです。開館までの限られた時間のなかで、やれたこととできなかったことはありましたが、それでも児童館としての方向性は根本から修正できたと思います。

子どもファースト。すべては子どもたちのために

子どもの森は、「子ども自身が遊び体験を通して、見て、聞いて、ふれて、感じた驚きと多様な出会いを育む、あらゆる子どもたちのための広場」です。ハードとソフト（人財、プログラム、接遇サービス、戦略広報、情報発信など）がバランスよく融合したかたちを創り出すこと、コミュニケーションの質にこだわることを、他の施設との差別化ポイントと考えてきました。旧来の公共施設とは一味違うどこかあたたかなムードが、どこに触れても感じられる児童館であることをめざしたのです。

子どもの森では、子ども自身が自主的、自発的に、楽しみながらみずから選択することのなかにこそ、子どもの生きる力の源があると考え、一人ひとりの子どもにとっての大好きが見つかる、大好きと出会える場所であることを館の立つべき拠り所としています。玄関前に掲げた約束のなかには、「事故は自分の責任。自分の判断で自由に遊ぼう」があります。子どもたちに自由に遊んでもらうために、できるだけ制約を加えないことを意図するとともに、大人の利用者の方々にともに支えてもらいたいと考えたからです。昨今の風潮からすれば、施設管理サイドが、安全な遊び場としての方向性を管理者リスクの除去に神経質になるあまり過剰な制限を加えてしまいかねない危険があるのですが、ここではそうではなく、子どもの居場所＝安心な遊び場としての潤いを失くさないために、各フロアにはスタッフを配置してトレーニングを重ねながら事故が起きる可能性を人が見守る力で回避する努力をしています。

その背景にあるのが、子どもの森十則（職員の行動規範を記したもの）の存在です。職員一人ひとりのサービスマインドの持ち様を探りながら、職員、プレーリーダー、派遣会社スタッフ、清掃会社、警備会社、レストラン・売店スタッフに至るまで、すべての館内で働く人々が共有できるモノサシが必要だっ

たのです。通例、県立の施設では、契約形態が異なるため、何かを館全体で共有するための努力がなおざりにされていることが間々あります。でも、施設を利用する大人や子どもからみれば、一緒のものとしてみられるものなのだという考え方をすべてのスタッフに浸透させたいと思いました。私たちの施設では、レストランの料理が不味ければ、館長である私にクレームが直接きます。逆に、美味しければ、それだけ館の価値を高く認識してもらえるのです（因みに、警備員さんが利用者から見た当館Ｎｏ１の人気者になっています！）。利用者本位の姿勢を貫くことと、館としての独自性を保つことは両立できるのだということをここで強調しておきたいと思います。

●方法としての遊び

土日祝日には年間を通して常に遊びのワークショップを開催しています。館内だけでなく、野外に設置されているピザ釜や炭窯体験、職員やボランティア手づくりの木製遊具やツリーハウスが点在するひみつの森での自然体験をはじめ、館内各フロアに出没する駄菓子のリヤカーやクラフト屋台などで多様なワークショップが展開されています。ここでも重要視しているのは、子どもたちの心とからだを生き生きと解き放つための館独自のプログラムです。テーマとなるのは、「エコロジー」、「食と農」、「仕事観」、「心とからだ」の四つ。相互に関連し合うこれらのテーマの組み合わせからプログラムが生み出されていくのです。小学生を主対象に、幼児、親子を加えた層が、現在のところの利用者です。岩手県内を中心に、青森、秋田など県境を越えて家族連れが集まってきます。これまでに当館で実施したなかで、一番人気の企画は「ぐりとぐらのカステラづくり」でしょうか（絵本を読んだ後、森に小枝を拾いに行き、野外で焚き火を起こしてカステラを焼きます）。絵本の世界と本当のお菓子作りをつなげたところに面白さ、イメージのしやすさが子どもたちにはあるようです。

子どもの森は年間を通して開館しているのですが、リピーターの数が年々上昇しており定期的に通ってくる子どもも多くいます。たとえば、「おもちゃ湯」はおもちゃが入っている湯船のなかに浸かりながら銭湯で遊ぶコーナー。「ようかいスタンプラリー」は、館内に隠れているようかいを探し出し、スタンプを集める人気の遊び。子どもたちは自分が行きたい場所を自在に渡り歩くのです。また、重度の障がいをもつ子どもたちのための遊具のある「スヌーズレンのへや」（オランダで生まれた重度の知的障がいをもつ子どもたちのリラクゼーションルーム）を利用する養護学校やサークルも多くみられます。

遊びを通して子どもの健全育成に資するためのプログラム開発でも、心とからだのリラクゼーションを意図するプログラムを編成し、各児童館現場へのフィードバックを心がけています。また、県内一二〇館の児童館ネットワークづくりの中核センターとして、実践的な指導者研修プログラム開発にも取り組んでいます。

館自体への集客を図ると同時に私たちが果たさなければならない役割は、県内各地域にある児童館、

放課後児童クラブ等健全育成や子育て支援に関わる人や団体を広くつなぎあい、人と情報の交流を活発化させることです。移動児童館による各地への出前ワークショップを通じたプログラム普及指導や、私が県内各地を巡回する指導者育成研修の開催とともに、年に一度、県内外の健全育成に関わる大人がこの指止まれ方式で、自主的、自発的に集まり一泊二日で語り合う「いわての児童館・放課後児童クラブ等交流大会」を毎年開催しているのです。

子どもの森の特筆すべき事業例として述べたいのが、四年前から始めた「いわて子ども特派員制度」です。県内から自薦で集まった小中学生が今年もラジオ番組づくり（微弱電波によるFM放送）に励んでいます。このプログラムの真の意図はメディアリテラシー教育というよりもコミュニケーショントレーニングという方が本質を捉えているように思います。子どもたちはただ楽しいから、遊びながら番組を自由に創造できるから来ているだけと言うかもしれません。自分の内にある感情、考えを外に出し、表現として協働で煮詰めていくプロセスのなかで、子ども自身の内に抱えたさまざまな心の抑圧の多さ、深さには毎年驚かされます。裏返せばそれほど自己表出できる場所が子どもたちの周りにないということの証といえるのかもしれません。学校でも、家庭でもない第三の居場所＝児童館だからこそ取り組むべき課題なのです。昨年からは、この特派員を経験した子どもたちによる、常設のFMラジオ局「子どもによる、子どものための自由ラジオ」が毎月、定期放送となり、ホームページでもインターネットラジオとして放送できるようになりました。

つなぎあう役割を果たす

最後に、県立児童館として子どもの森が今後果たすべき役割をどう考え、行動しようとしているかについてお話ししたいと思います。開館当初から、単館としての入館者数（一六万三〇〇〇人：平成一八年）にだけ拘泥するのではなく、県立だからこそできること、しなければならないことに活動をシフトしようと考えてきました。そこで大きな課題として捉えたのが、行政の縦割りそのままに、それぞれの領域のなかでしかつながりがないという県内の子どもに関わるさまざまな領域の方々をつなぐネットワークの不在でした。こうしたなかで、開館二年目の年から開始したのが、県内各地を巡回し、子どもに関わる児童館職員（館長も児童厚生員も）だけでなく、放課後児童クラブや母親クラブ、子育てサークルに関わる方、民生児童委員、保育士などさまざまな領域の方々からの現場のエピソードを聞く情報交換会の開催です。毎回、県や出先機関の児童福祉と社会教育関連部所の各担当者が、いっしょに出席してもらうことで行政サイドの職員も現場と学びあう雰囲気が生まれ、現場で起きている辛いことも、楽しいことも、悩んでいることも、率直に、忌憚なく、フ

ラットな立場で話し合える語り場を創ることで、これまで内輪だけで閉ざされていた話が、次々と堰を切ったように出されるようになりました。児童館職員から、ただ子どもを遊ばせているだけでいいですねと保護者の方から強烈に皮肉を言われた時、どう答えたらいいか困ってしまったという切実な話が幾つも出ました。それに応える形で始めたのが、「いわて児童館テキスト」です。毎年一冊ずつ、独自編集でこうした課題に対応した小冊子を作って広く配布しています。第一号は、「児童館って何？健全育成って何？」をテーマに、第二号は「軽度発達障害」を、第三号は「子育て・子育ち支援Q＆A」をテーマに発行しています。

地域のなかで児童館が果たす役割は、私は子どもの相談機能だと思っています。子どもの声にならない呟きを子どもの傍らで早期に発見し、受け止め、アクションを起こす予防的な役割のことです。遊びの提供という範疇だけで、子どもたちの直面する課題に向き合うことはできないと思います。子どもの森は、そうした明日の児童館の可能性を内包した施設なのだという手ごたえとともに、これからも地道に活動を続けていきます。

【いわて子どもの森館長・吉成　信夫（よしなり　のぶお）】

岩手県立児童館　いわて子どもの森

所在地　〒028－5134　岩手県二戸郡一戸町奥中山字西田子1468－2
TEL　0195－35－3888　FAX　0195－35－3889
URL　http://www.iwatekodomonomori.jp

開館時間　午前9時～午後5時　※夏期、冬期で変更あり
休館日　毎週火曜日、祝日の翌日。整備休館
付属設備　キャンプ場、まんてんハウス（自炊宿泊施設）

［用語解説］
児童館…児童福祉法第四十条に定められた児童福祉施設。専門職員が配置され、遊びを通して健全育成を図ることを目的としている。全国に約四千七百カ所ある。近年指定管理者制度導入により、運営形態が多様化している。

編集委員はこう読んだ！

公共施設・県立施設だからこそ、やるべき仕事・できる仕事があり、それを見極め、相当の意識をし、役割を果たしている事例の一つです。

施設の大きさにかかわらず、子ども一人ひとりの成長をみるという、児童館の役割を基本に置いているところが重要です。児童館は子どもも大人も心を解放する場であり、それを県立施設が明確に打ち出すことの意味を改めて理解しなければなりません。県立施設が行うことに県内の児童館がついていく、全体を見据えた活動になっているのです。

また、いわて子どもの森では県内の福祉作業所で作られている石鹸やトレイレットペーパーを使

用しています。コストを下げることがすべてではなく、それこそ公共施設が担うことだと考えているのです。児童福祉・社会福祉等さまざまな分野をつなげる拠点児童館の役割が明確に示され、またすべての職員に同じ視点が備わっているのは素晴らしいですね。

事例 2

おいしい時間
——おやつバイキング

の～びる保育園

はじめに

子どもたちの大好きな時間。それは、おやつの時間。「なんか、いい匂いがしてくるねぇ。」「今日のおやつは何かなぁ。」と、楽しみの声が、園内に響き渡ります。おやつの時間はゆったりと過ごせ、また、ほんのりあまいおやつを食べると心も穏やかになります。〝食〟というのは、人間の要。食べる意欲は、生きる力につながります。

しかし、その反面、

「食事があまり進まなくて…」

「食べるより、遊ぶことの方が好きみたいで…」

「家だと、全然食べないんですよ。」

という悩みをもつ家庭が増えてきています。

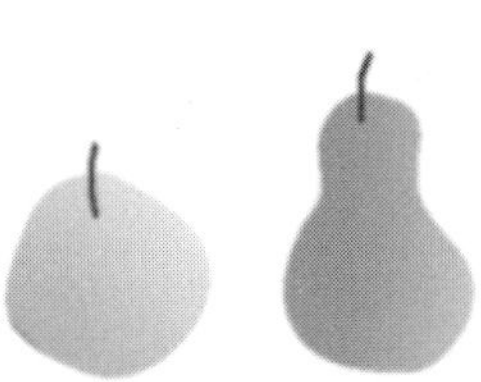

また、子どもたちに「おやつ何食べたい？」と聞くと「チョコレート」「アイスクリーム」「ポテトチップス」…などといった市販のお菓子や糖度の高い菓子が出てきます。その反面、昔から食べられているふかし芋・ところてん・とうもろこしなどは、食べる機会が少なくなってきているようです。

保育所でのおやつの位置づけとして考えられている点は、一回で摂りきれない分の栄養を補うことです。しかし、先にも述べたように、〝食〟というのは生きる力です。次世代を担う子どもたちに、食べる楽しさを感じ、食べたいという意欲を育て、語り継いでいってほしいと考え、おやつの位置づけを改めて見直すことにしました。

①手作りおやつを！

作る過程にはさまざまな感覚遊びがいっぱい

・シャカシャカシャカ ……なんの音？　（かき混ぜる音　皮を剥く音）
・くんくんくん …………なんの匂い？　（焼ける匂い　ゆでた匂い）
・焼けたよ～ ……………大きく膨らんだね　（ホットケーキ　ドーナッツ）

②さまざまな味を！

味覚が育つ乳幼児期。甘さはもちろん、食感も大切にしていきます。そして、昔ながらの味も伝えていきます。

・よーく噛もうね …………するめ　ロッククッキー
・もちもちするね …………白玉団子　蓮根餅

右記の点を充実させて行うなかで、子どもたちから「明日はどんなおやつかなぁ」「この匂いは、ドーナツだ！」という楽しみの声があちらこちらから聞かれるようになりました。
子どもたちの楽しさが膨らむなか、次に考えたのは、おやつを通しての食育活動です。
・食の連鎖を考える
食べたものは消化され、便となる
・自然のめぐみに感謝する心
栽培・収穫・調理を行う（〝命〟の大切さ・尊さを学ぶ）
・何を食べたか、何を食べたいのか自分で考える力、生きる力を養う
・想像力を養う
おやつの色・匂い……… どんな味がするんだろ？
・感覚を養う
おやつの色・匂い……… おいしそうだなぁ。どんな匂い？
これらの観点から、おやつのバイキング形式を月一回行うことにしました。

● おやつバイキングって？

の～びる保育園でのおやつバイキングは、三～五歳児を対象に月に一回行っています。自分で考えた時間に（時間の幅は一時間のなかで）三種類のおやつのなかから、食べたいおやつを自分で選び、食べます。食べたいものを選ぶ楽しさとともに、自分で決めることや「これが食べたい」と表現することの難しさがあります。おやつバイキングを始めた当初は、なかなか自分で食べたいものを伝えられず、黙っ

てしまう子どもの姿が多くみられました。おやつは食事と違った楽しさがあると思います。それなのに、黙ってしまい、なかなか楽しめない姿がみられ、子どもたちにとってもおやつの楽しさってなんだろうと、一から考え振り返る機会となりました。

①食を通して、人と人とのつながりや関係を楽しみ、築く
②リラックスした雰囲気のなか、子ども一人ひとりの様子を捉えていく。
③食べることの楽しさを感じる

おやつバイキングの楽しさ・あり方や子どもの個別状況をふまえ、栄養士・保育士と共に計画を作っていきます。また、おやつバイキングに調理活動をとりいれることで、食材のぬくもり、匂い、立体感などが子どもたちの〝食べてみたい〟という意欲につながっていきました。

● 実践準備

1．今年のおやつバイキングはどうする？（年間計画をたてる）

①季節の食材を取り入れる
②収穫する野菜をメニューに取り入れる
③子どもたちと一緒にできる調理活動を考える
④年齢にあった作業ができるもの

2．明日のバイキングを楽しみに迎えるために…

栄養士・担任の準備

栄養士・担任で打ち合わせを行います。

「こんなものを食べてほしい」「これ位は食べられるはずだ」という栄養的観点だけでなく、子どもにとって、この子にとってといった個別的な配慮や獲得点を確認していくことを目的としています。

◎子どもの状況の打ち合わせ（好きな食べ物、苦手なもの。マナー。いつも誰と食べているか　など）

◎調理活動の準備・手順・時間割・何をポイントに行うか。または留意点

子どもとの準備

前々からおやつバイキングの日程や内容を伝えておくことで、子どもたちから「あと○○日でおやつバイキングだね」「どんなおやつがでるのかなぁ」と楽しみを育むとともに、待つことや気持ちづくりを行っていきます。そのため、子どもとの準備は欠かせない時間です。

①さぁ、どれにしようかなぁ　（明日食べるメニューを決める）

＊給食室から手紙が届きます。それには明日のメニューや食材・形なども載っています

a．メニューの紹介
・スィートポテト
・オレンジフレンチトースト
・黄な粉マカロニ

b．子どもたちの声は…
「○○にしよう！でも…
○○も食べたいなぁ。そうだ、
おかわりで食べよう！」

②どんな風に作るの？（作る過程を知る）

出来上がりしか見たことのない子どもたちにとって、食材や、調理法を聞くことは、想像力を働かせることにつながります。「どうやったら膨らむの？」「どんな味がするんだろう」と明日への期待が膨らんでいきます。

①　調理活動の内容は？
②　　　手順は？
③　量を目で見てみる。↓手ばかりにつながる
④　想像してみる　　↓どんな味かなぁ

③バイキングの準備は？

明日使う場所はどうなっているのか、使うもの（テーブルクロスやコースター）は数があるか、一緒に確認していきます。そのなかで、子どもたちからも「ここをちょっと掃除しよう！」など、環境を考える姿がみられます。

給食室の準備

①バイキングの前日準備　（必要な器具など）

・テーブルの数は？　・テーブルクロス
・バイキングの部屋の環境は？（広さ・ほこり　など）
・こぼし皿（こぼしたものを入れるお皿）
・お箸　・消毒液　・トング
・コースターの数　・口拭きタオル　・フォーク
・コップ　・お盆　・お皿

②終了後の片付け

ポイント（子どもの動線を考える）
・片付け場所を分かりやすくする
コップ→フォーク→お皿→お盆の順に、並べて返却する
・スムーズに片付ける　（音をたてない・ぶつからないように）

● いよいよおやつバイキング！

例　スイートポテト

8：30～　調理活動の準備

給食室の準備

①サツマイモを洗い、皮をむき、ゆでる
②水をきり、熱いうちにつぶす
③砂糖とバターを入れて、よく混ぜる

9：30～　クラス調理活動　ちぎる・まるめる等…栄養士の説明

①石鹸でよく手を洗い、消毒をする
②グループまたは自分の席に座り、手順の話を聞く
③調理されたサツマイモをスプーンですくい、手でまるめる
　一個の量（大きさ）を考える
④まるめたサツマイモをバットに並べる
　いくつできるか、目でわかるよう並べる
⑤終了後、給食室に運ぶ

うわぁ、お芋のにおいかなぁ。今日は、○○組さんが手伝っているんだよね。

14：00～　バイキングのセッティング

の～びる保育園の一室をレストランの雰囲気に設定をしていきます。午睡明けの子どもたちは、少しずつ用意されていく部屋をみて、「もうすぐ始まるね」「いつ食べに来る？」「遊んでから食べようかなぁ」と友だち同士の会話がひろがっていきます。職員が準備しているのを見ることで、子どもたちも期待を膨らませたり、バイキングにかかる人の手の思いを感じています。自然の恵みと共に、作り手への感謝の思いが育っていると思います。

14：30～　バイキング開始！

①バイキングコーナーか遊びのコーナーかを選ぶ
②手を洗い、バイキングコーナーへ
③入口より入り、配膳テーブルで各自消毒し、順に沿ってお盆の上に乗せていく
④自分で食べたいもの（前日決めたもの）を口頭で伝える
⑤好きな席について、各自で挨拶をし食べ始める「いただきます」

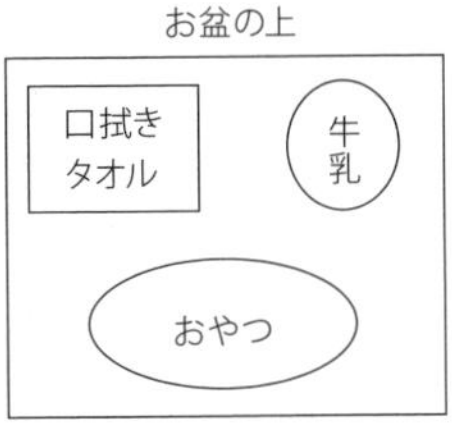

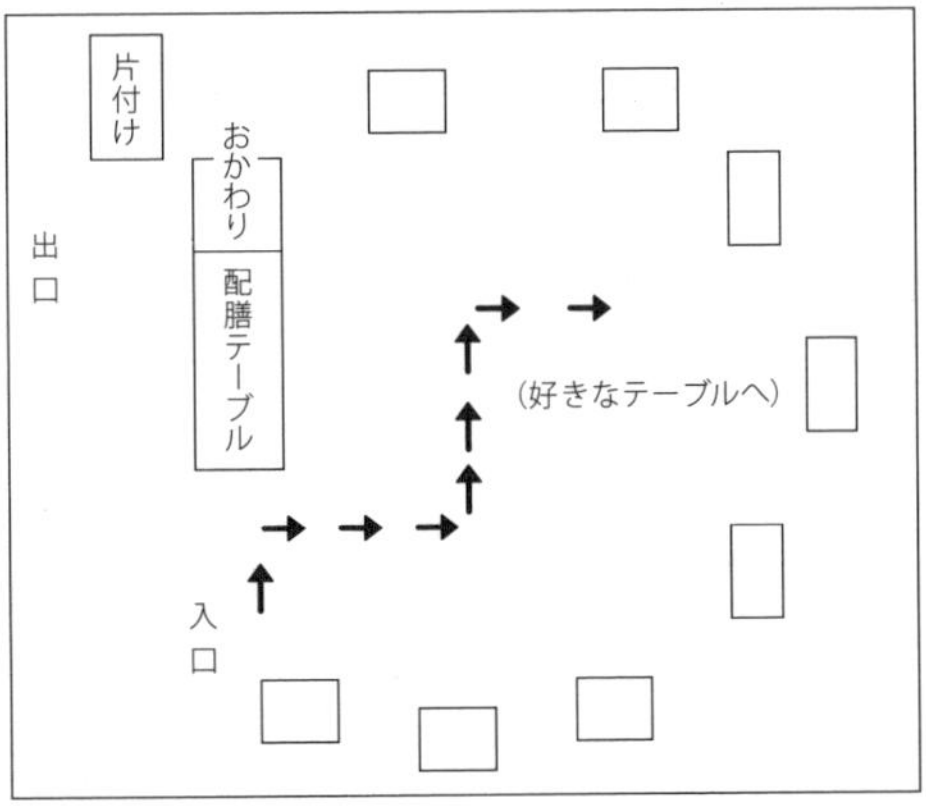

あつあつだよね。うまくまるまったよ。ぼく、後で、スィートポテトを選ぶんだ！！

⑥おかわりは、お盆をもっておかわりコーナーに並び、食べたいものを伝える
⑦食べ終えたら、各自コーナーで「ごちそうさま」をし、片付けコーナーへ
⑧終わったら、遊びのコーナー（室内コーナーまたは園庭コーナー）へ

●子どもたちの姿から（到達点）

おやつバイキングの活動を始めて、一番子どもたちの姿が変わったことは、自分の食べたいものを言葉で伝える姿が見られるようになったことです。

保「○と×と△のおやつ。どのおやつがいい？」
子　……無言で指をさす
保「これが食べたいんだね。このおやつの名前は何？」
子　……首を振る
保「これはね、○○というおやつだよ。言ってみようか。」
子「○○ください。」

このようなやりとりを行っていくうちに、子どもたちは自分で伝える方法も学び、積極的に食を楽しむ姿につながってきたように思います。それ以外にも、さまざまな子どもたちの姿が見られるようになりました。

①好き嫌いのある子ども
サツマイモが苦手な子どもが、調理活動でお芋をまるめると…

保「サツマイモ、湯気がでているねぇ。」
子「…うん。」
保「どんな匂いがするんだろうね。」
子「…（匂いを嗅ぐ）なんか、甘い匂いがするよ。」
保「そうだねぇ。今度は触ってみようか。」
子（そおっと触れる）
「うわぁ。温かいよ。…僕、おやつで食べてみようかなぁ。おかわりは、違うものを食べよ。」

②異年齢児との交流
自分のクラスで過ごした後の、異年齢合同のおやつバイキング。異年齢の友だちが、同じ時間に食べに来ます。

5歳児「あっ、○○組さん（3歳児）が来たね。」

「本当だね。あれ？　でもなんか、席がわからないみたいだね。」

「そうだね。呼んであげようか。こっち空いているよ。」

3歳児（5歳児の声掛けに気づき、席に向かう）

4歳児「ねぇ、今日は○○組さん、陶芸やっていたね。どお？」

5歳児「そうだよ。今日はお面を作ったんだ。○○組（5歳児）になると、お皿を作ったり、楽しいよ。」

異年齢児と過ごすことで、年長の子どもは、年下の友だちを気遣ったり、年下の子ができないところに気づき、手伝ったりしています。

また、年下の子どもが年上の友だちを敬う気もちもみられるようになりました。それが、人との交流や会話を楽しむ姿につながっています。

③友だちとの空間を楽しむ

席が離れて座っている友だちに気づき、

「○○ちゃんがもうすぐ食べ終わるね。一緒に外に遊びに行こう！」

④自分が食べたいメニューが明確に

どれにしようか、なかなか言葉にならなかった子どもが…「今日は、○○たべよう！　○○ください。」とはっきり伝えられる。

● 到達点と今後の課題・展望

到達点

①時間の使い方を子どもたちが考えられるようになってきている

・遊びに行こうか？それともおやつを食べようか？

②先を見通し、楽しさをも続かせる力がついてきている

・「あと、何日でおやつバイキングだね。」

③異年齢児・友だちとの交流を図るようになってきている

・「○○ちゃん、一緒に食べよう！」と誘い合う

④給食とは違ったリラックスした楽しさを感じている
・「おかわり、今度は何をたべようかなぁ」
⑤給食室と保育室との連携が図られた
・給食やおやつの時間だけでなく、子どもと接する時間を大切にする
・保育士と会議・語り合いをもつ

課題点

①栄養指導について、家庭とも連絡を図れるようにしていくこと
②日々のおやつの内容や嗜好状況、時間等からみられる、子どもの状況の分析・記録の充実を図ること
③調理活動の課題として、大皿からのとりわけ（一緒盛になっているおやつやフルーツを人数分に子どもがとりわける）や均等にわける（大きなケーキを、人数分に自分たちでカットする）ことができるようにすること。

展望

「みて。昨日よりも人参の葉っぱが大きくなっているよ。」「うわぁ。葉っぱに虫がついてる〜。」

栽培活動を通して、日々成長していく植物の命を感じています。その食物を食べる虫たち。スーパーやお店で並んでいる野菜からは想像できない世界が、自然栽培のなかには多く含まれています。そして、その食物の命をつないでいく私たち人間。命の尊さを学び、子どもたちに受け継いでいきたいと思

います。

また、バイキング活動を通して、どんな味かな？おいしそうな匂いだなぁ。食べてみたいなぁ。といった感覚や意欲が育ってきているのを感じます。日本には、四季折々の旬の味や箸の文化があります。その風習・マナーなど、日本の伝統を子どもたちに受け継いでいくことや、調理活動の充実をさらに図ることで、食への関心・興味をひきだし、人とともにする空間の大事さを伝えていきたいと思います。

【の～びる保育園副園長・松本　末枝子（まつもと　すえこ）／保育士、栄養士・肥後　知子（ひご　ともこ）】

社会福祉法人相模会　の～びる保育園

所在地　〒343―0238　埼玉県越谷市相模町2―64―1
TEL　048―985―7127
E-mail　nohbiru@silver.ocn.ne.jp
地域活動　地域の親子と一緒に、リズムをしたり、ゲームを行ったり。
また、育児相談も受けつけています。

［用語解説］
保育園…児童福祉法第三九条に定められた児童福祉施設。保育に欠ける未就学児を保護者に代わって保育

することを目的としている。全国に約二万三千カ所あり、入所児童数は近年増加傾向にある。

食育…生涯を通じた健全な食生活の実現・食文化の継承・健康の確保等が図れるよう、自らの食について考える習慣や食に関するさまざまな知識と食を選択する判断力を楽しく身につけるための学習等の取組みをさす。平成一七（二〇〇五）年、食育基本法が成立。

編集委員はこう読んだ！

保育園の時から、子どもたちが自ら選択し判断し行動することの大切さ、またそこに大人がどう関わっていくのかについて、丁寧に書かれています。バイキング形式のおやつはほかにもあるかと思いますが、食の選択だけでなく、時間や行動の選択にも結びついている実践は、保育園ではあまり行われていないのではないでしょうか。

また、乳幼児期の「食」に関して、重要な提起がなされている事例でもあります。「おやつ＝補食」と考えるとき、「食事」との関連性も考えなければなりません。「食」の内容を考えうえで、それをどう伝えていくかという目的・方向性が、保育園全体にしっかりと根付いているからこそ実施できるのでしょう。

「レストランの設定」にして、子どもを一人の人間としてみる、保育者による雰囲気づくりもまたすばらしいですね。子どもが自由に活動するための保育者の視点・意識が随所に書かれています。

事例3

新世紀の神楽宿
――ハレの日は舞台公演、ケの日は子どもの居場所
…野の花館の活動報告

特定非営利活動法人　野の花館

●野の花のように

「大変！　Mチャンが、大変！　助けてぇ！」。何事かと思って飛び出してみると雨のため田んぼのぬかるみにはまって抜けられないMちゃん。それを助けようとして泥んこになっている男の子たち…みんな小学二年生です。

このほか、五歳児、一年生が「野の花館」で放課後を過ごしています。その兄弟姉妹が加わって一五人近くになることもあり、ついているのはプレイリーダーとして学生アルバイトが一人。緑の竹林に囲まれた移築古民家を中心としたフリースペースを、子どもの居場所として提供しています。

一九九二年、子どもたちの育つ環境がなかなかよくならないことを憂いて、その頃の活動母体「子ども劇場運動」の仲間たちと描いた夢構想実現の場がこの「野の花館」です。

野の花館は、夜神楽で有名な高千穂町の佐藤トネさん（土呂久鉱毒被害者の会会長）の築百二十年の家を我が家の裏庭に移築したものです。それから十五年、大きな夢を目標に頑張るエネルギーなどとんでもなかったけれど、不安が増すばかりの子育て事情に押される思いで続けてきたのです。その結果、今、まさに〝子どもの文化の拠点〟になっているのでは…と自負しています。

豊かな自然と古くて広ーい大きな家、学生の若さによる子どもの受容力、これらが実にうまく機能してストレスを多く抱えているといわれている現代っ子たちの心と体を癒し解放してくれているようです。

規則は作らず、のびのび自由に遊び、学び、仲間同士育ちあっています。この空間は日常的「ケの日」には子どもの遊び場、季節に一度は「ハレの日」、祭りの日です。

一年を通して、野の花館まつり、平和を考える集い、囲炉裏開き、子どものための舞台公演の会場にとよそ行きの表情をみせます。これらの企画はほぼ定着し、それぞれ十三回を数えます。

田植え・芋ほり・味噌作りなど季節の暮らしの文化を子どもたちと楽しみながら人や物と関わり、自然や歴史と出会います。また、さまざまな文化を自分のものとし、仲間と共有し、さらに新しい文化がもたらす喜び、楽しさ、安らぎを子どもたちとともに体験しています。子どもたちから路地裏や自然を奪ってきた大人世代としてはせめて残してあげたい空間なのです。野の花館の庭では、四季折々の花々が陽光をいっぱい浴びてそれぞれの美しさで輝きます。野の花館で育つ子どもたちもあるがままの存在を認め合いながら、練りあい、磨きあい、培いながらそれぞれが美しく輝くことを願っています。

●子どもの夕べ

野の花館の行事のなかで最も野の花館らしい野の花館でしかできない行事がこれ、子どもの夕べです。新世紀の神楽宿構想と銘打って毎年文化の日ごろに取り組んでいます。

囲炉裏を開いて、火の神様のお祭りをし、原始的な火熾し、その火を使っておやつをつくり、舞台作品を見て郷土料理で交流会、野の花館ゆかりの人たちが集まって合宿するという形が定着してきました。高千穂町土呂久から佐藤ファミリー（土呂久公害被害者の会の遺族で一番若い）が家族そろって春の野の花館まつりと囲炉裏開きには、必ず参加してくれます。毎年、このプログラムで舞台作品はいろいろその年により異なりますが、谷川賢作&続木力のライブ、超国良氏の胡弓の夕べ、人形劇と芝居のコラボ（セロ弾きのゴーシュ）など実に豊かな舞台作品を取り組んできたものだと思います。

二〇〇三年からは世界の人たちに土呂久を伝える役割もはじまりました。

インド、ネパール、バングラデシュ、中国からヒ素汚染対策にたずさわっている、政府関係者が参加し、子どもたちと交流します。〇七

年度はラオス、ベトナム、ミャンマーが加わり、七ヵ国になりました。

千葉から参加されたN氏は次のような感想を寄せてくれました。

「都塵を離れ帰郷し、初めて野の花館の行事に参加しました。囲炉裏開きでは秋雨の湿りのためか思うように発火できず苦労しました。佐藤さん熱演の『十連寺柿』は住民たちの悲惨と無念の思い、そしてめげずに訴訟に立ち上がる様が胸を打ちました。夕方の演奏会は……小学生たちはみじろぎもせず、耳を傾けていました。超国良氏も気づかれたそうですが、大ホールでなく、たった百二十名の野の花館だからこそ演奏家と聴衆が一体化し、盛り上がったのでしょう……」

子どものための舞台公演

子どものための舞台公演は小さい人たちへの舞台にこだわります。格差社会で若い人たちはとてもそんな（舞台を見る）余裕はないといいます。こんな時代だからこそほんの一時間子どもと一緒に見てほしいと願っています。隔年に北九州の『人形劇団ののはな』の公演は生まれて初めてみる舞台、初めての人も安心して見れる、この舞台との出会いがその子の一生を豊かなものにしてくれるのは間違いありません。昨年は地域の子どもたちも舞台に立った朗読&歌曲コンサート「金子みすゞの世界・みんなちがってみんないい」は子どもたちの合唱に助けられて大成功でした。

野の花館まつり

舞台公演で野の花館に出会った子たちに遊ぶ楽しさを知ってもらおうと四月は野の花館まつりが行わ

れます。関わる若い人が多いときにはおみせやさんごっこや、舞台公演、春を食べる会など盛りだくさんだったのですが、このところ、春を食べる会と舞台公演だけになりました。しかし地元で舞台に立ちたい人が多く、参加者には困らず賑わっています。今年度から地元で活動を始めたモスクワ帰りの若いアーティスト、ピアノとヴァイオリンのデュオ「ミール」の存在が大きく私たちの応援をしてくれています。

●平和を考える集い

夏といえば伝えたいこと、戦争…映画やお芝居で毎年、子どもたちはしっかり受けとめているようです。中国残留孤児の母親の一人芝居『花いちもんめ』、講談『はだしのゲン』『チェルノヴイリの祈り』アニメ映画『対馬丸』『最後の空襲くまがや』など。『対馬丸』上演の際、寄せられた文を紹介します。

「野の花館は命にあふれた空間である。木の香り、水の匂い、虫が飛び回り、星の瞬きが見える空間で、蚊に刺されながら映画を見る。『対馬丸』は決して楽しい映画ではない。夏休みの野外映画会なのだから、もっと無邪気なもので楽しみたいと思う。それでもこの気や水のかおりとともに、『対馬丸』は子どもたちの心に残ることだろう。教条主義を超えて戦争を伝えるのは、ささやかでもちょっと特別な記憶とともにある、このようなひと時を作ることからはじまるのではないだろうか。」

●子育ち支援

毎年春休みには必ず、宮崎からおやこ劇場の高学年が春合宿にやってきます。帰るときに必ず書いてくれる言葉が「野の花館大好き」「また来たい」なのです。こんな体験を地元の子たちにこそ…と思いながら、なかなかこれまでかないませんでした。

二〇〇〇年にNPO法人になって助成金の情報がはいるようになり、やっと学童保育を始めることができました。まだ町内には学童保育がなく、学校週五日制の完全実施が始まろうとしていました。〇二年度にようやく野の花館子どもの居場所提供事業がWAM（独立行政法人福祉医療機構）の助成事業として始めることができました。

野の花館での子育ち支援は以下のようなことを大切にしました。

①プレイリーダーを学生アルバイトに…一番年の近い大人の存在は子どもたちの最高の遊び相手…アルバイト料を払うことで継続的に開館時、常駐を保障。

②『決まり』を特に作らない…自然体で遊ぶなかで事が起こるたびに話し合い、わかり合うことを大切に、そのたびに約束を繰り返す。

③野の花館特有な不便さや危険に対して…②項に同じ。江戸末期の古い建物なので私たちもわからないことが多くそのたびにみんなで学びあう。

④文化講座の講師に専門家を…それぞれの得意分野の魅力を伝える力は十分で、いつもはじめは興味を示さない子も終わる頃には参加させている力はさすが！　生活の楽しみ方の片鱗に出会えたのではないだろうか。また、身辺の自然に目を向け、興味をもつきっかけにもなる。

⑤古いものを大切に…お金さえ出せばなんでも手に入ってしまう日常だからこそクッキング、工作など身辺にあるもの、古いものを生かして使う愉しさをいろいろな機会に学べる。

このとき集まってきた子どもたちの状況は子育てが終わって一〇年以上も過ぎた私たちにとって、驚きの連続でした。それでもこの環境で育つ子どもたちの変化は想像をはるかに超えたものでした。JTの助成で二年目を迎えた居場所提供事業は子どもと学生の素敵な日常にすっかり自信をもち希望者も増え、障害児も受け入れていました。自然と古民家そして学生の存在は訪れる大人や子どもの心を解放し、対人関係を学ぶのに大きな成果を挙げました。子どもたちを育ちの主人公として見るように伸び伸び自由に遊べることを一番に考えました。必然的に起こる仲間同士のぶつかり合いも多く、泣いたりわめいたり…大人のほうもつい大人の都合で怒ってしまったり…いろいろでしたが…子どもというものはそうやって大人になるんだね…この一年この場所で貴重な体験をした子どもたちと学生たちの未来を信じたいねと話し合ったものです。この夏休み、居場所の第一号入所者G君が野の花館で写生をしていました。出来上がったのはすばらしい貼り絵でした。

この活動に関わった一年目のプレイリーダーとお母さんの感想文です。

「子どもたちと夏休み」

竹嶋　道代

この夏休みに子どもたちと遊び始めて最初の印象は、「甘えん坊が多いなあ…」というものでした。子どもたちが、朝一番から私の腰や背中に乗りたがり、手に触ってきては赤ちゃん言葉で話しかけてくるのです。頭のなかで描いていたものと異なる様子に、当初は「?・?・?・」の連続でした。

一週間も経つとそれがすべての子どもに見られる態度だと気づきました。子どもって、みんな甘えん坊で、無条件に甘えてみたいという欲求があって、赤ちゃんに憧れを抱いているのかなあ？　と思いながら、とにかくスキンシップをとってみようと試みる毎日でした。子ども同士の遊びには子どものルールが一番だと思い、遊びのなかに積極的に入ることはしませんでした。すると、おもしろいことを発見しました。それは年齢性別に関係なく、自分が優位性を保持できる遊びごとに、リーダーが変化していくのです。それは年齢性別に関係なく、たとえば年下の子どもがみんなに命令し、年上の子どもも文句を言わず、黙って言うことを聞くというようなものでした。異年齢集団で、それぞれのルールに従っている様子には、ときどき笑いをこらえるのが必死なものもありましたよ。

子どもたちは、みんな、よく泣きました。けんかや泣き言もいっぱいありました。そのなかで気付かされたことは、〝成長は人それぞれ〟ということです。上手に字を書ける子もいれば、みんなと一緒に遊ぶことが上手な子もいます。子どもによって異なるさまざまな成長を、ある一定のものさしによって推し量ることは、小学生の時点では非常に難しいのではないかと感じました。子どもを産み育てた経験のない私にとって、子どもの成長を焦らずに見ていこうという心構えをナマで学ぶことができたこの機会が、今後の自分にとって大きなプラスとなるでしょう。子どもたちみんなへ、「ありがとう！」

（プレイリーダー、三〇歳）

「野の花館に関わって」

大山　磨佐恵

御近所三軒に子どもが一一人。毎日真っ暗になるまで庭で友だちと遊べた天国の様な所から、二年前夫の転勤でこの高鍋に越して来ました。子どもたちの生活は一転、放課後帰宅してからは家のなかですごす事となり、姉弟が多いとはいえ、かなりストレスになっていただろうなぁと思います。と、いうものの主婦の私は放課後も家に居ますので一般の学童保育は縁がないと思っていました。実際一年前にこの「子どもの居場所づくり事業」の話しをきいた時にも「お勤めしている人にはいいかも…」という程度の認識で、私自身にこんなに必要性の高い事になろうとは思ってもみませんでした。事務局の則松さんがしきりに「学童保育ではなく子どもの居場所にしたい」と言っておられた時も、何となくわかる気はするけれど「親は身勝手で子どもの居場所というより子どもの預け場所という気もちの方が強いと思います。」と言っていた覚えがあります。でも一年経って今ここに来る子どもたちを見ると、ここを自分たちの居心地の良い居場所にしているなぁと、思います。親の方も決して預けっ放しではない温かさを感じる時「子どもの居場所づくり事業」の成功と則松さんの熱意を感じます。

　私自身、昨年夏の人形劇フェスティバルの準備をしていた頃は、野の花館にパソコンをもち込み親子でお世話になりました。又、このフェスティバルの際には運営スタッフの不足もあり、当日はお母さんたちからお手伝いをして頂き、野の花館を通じての出会いや人とのつながりに大変感謝しています。転勤族の私たちがいざという時の頼れる人や場所を得られた安心感は他の何ものにも変えられない、と思います。

　プレイリーダーの皆さんの子どもとかかわる姿は見習うものが多くありましたし、則松さんや黒木さんの世代を超えて食や文化を伝えようとされる心は子どもたちだけでなく私たち大人にも多くの事を教えて下さっていると思います。

私も及ばず乍ら講師としてこの活動に参加する機会を頂くこともありました。一人で人形劇ができる様になりたい、という私の夢へ向け一歩をふみ出す良い機会を与えて頂いたと思います。それと同時に一人ひとりの個性を生かした活動のむずかしさ楽しさを味わうことができました。この経験を生かし今後一人で活動を展開していけるといいなぁ、と夢をふくらませています。

○月○日、子どもたちと野の花館から帰ろうとしている時に妊娠中の私は破水し、そのまま病院へ。翌日未明に娘を出産しました。こんな事までこちらでお世話になるとは思ってもみませんでした。この日生まれた娘は、今みんなから「たまちゃん」とかわいがってもらい「次、私に抱っこさせて!!」と、野の花館にいる間中、誰かが抱っこしてくれています。

親として、一個人として、この一年この居場所を与えて頂いた事に大変感謝しています。子どもたちのお友だちとプレイリーダーの皆さん、野の花館と、ここにかかわる皆さん、本当にありがとうございました。そして、これからもどうぞよろしくお願い致します。

（母親、文化講座講師）

このようにして育った子どもたちも今はもう六年生、あの甘えん坊で泣き虫の子たちが町で会うと恥ずかしそうに挨拶をする子やら、元気いっぱいスポーツ教室に通う子やらといろいろですが、子どもたちにとってあの三年間はきっと心の原風景となっていることでしょう。

三年間はＷＡＭやＪＴの助成で何とかプレイリーダーを頼めたのですが、四年目は高鍋の子どもたちのためにぜひ町の予算を、と思って町役場にお願いに行きました。しかし、財政難の折から新規事業はとても…とけんもほろろの扱いでした。まあ、時節柄、町の保育園や幼稚園、学校の放課後の学童保育が始まったところで、地元の大学の移転も決まり、野の花館としての学童保育は無理な状態となりました。

味噌作りが教えてくれたこと

十月十三日、野の花館の味噌仕込の日です。今年は年代だけは一歳から八四歳まで幅広い人たちが集まりました。朝から庭の枯れ枝を集め会員の自動車修理工場の方が作ってくれたドラム缶を二つに切ってできたかまどに大きな平釜をかけ豆炊きが始まりました。やわらかくなるまで約六時間、さわやかな秋風のもと、昔話に花が咲きます。スローな時間が流れます。「子どもが小さいときは昼に炊いておくと学校から帰った子どもたちがミンチをかけてくれたのよ。」といっている間に豆はぐつぐつ煮上がりました。さあ！　小学生Nちゃんの出番です。お父さんと一緒にあっという間に三〇キロの煮豆をミンチ機でつぶしてくれました。「このミンチ機年代物だね」「五〇年以上だろうね。戦後この地域の婦人会がもっていたものだから、使い始めた頃は一回使用料一〇円だったのよ。このごろは使う人がいないからここで預かっているけど…とまた昔話。無農薬の大豆で添加物なしのお味噌ができました。こんなことは昭和三〇年代まではどこでも見られた風景でした。そのことを覚えているのはもう七〇代以降の人たちです。そういった場所には必ずといっていいほど小さい子どもがうろちょろしていたのです。危ない場所であっても大人がちゃんと見てくれていました。これです！

●こんな場所に！

居場所として地域に開放する「ケの日」はそのまま、もっと自由に遊べる異世代間交流の場所として続けていきたいと思っています。年四回の「ハレの日」も野の花館まつり、平和を考える集い、囲炉裏開き、子どものための舞台公演もそのときの力に応じた形で続けていきます。

人口二万二〇〇〇人の小さな町でおやこ劇場を作り、一八年間子ども向けの舞台作品を七三回、野の花館になってから約七〇回の舞台を取り組んできたことがそれなりに評価されていることは宣伝で町のなかを回るとわかります。野の花館になってからは参加してくれるのは宮崎市内からの人が多いようです。もちろん、託児児童は近くの子どもたちでしたが舞台鑑賞まではなかなかいきません。県内でも初めてという舞台が多いので町外からの参加が多いと思われますが、これからは、地元の人たちに自信をもって参加を呼びかけていきたいと思います。

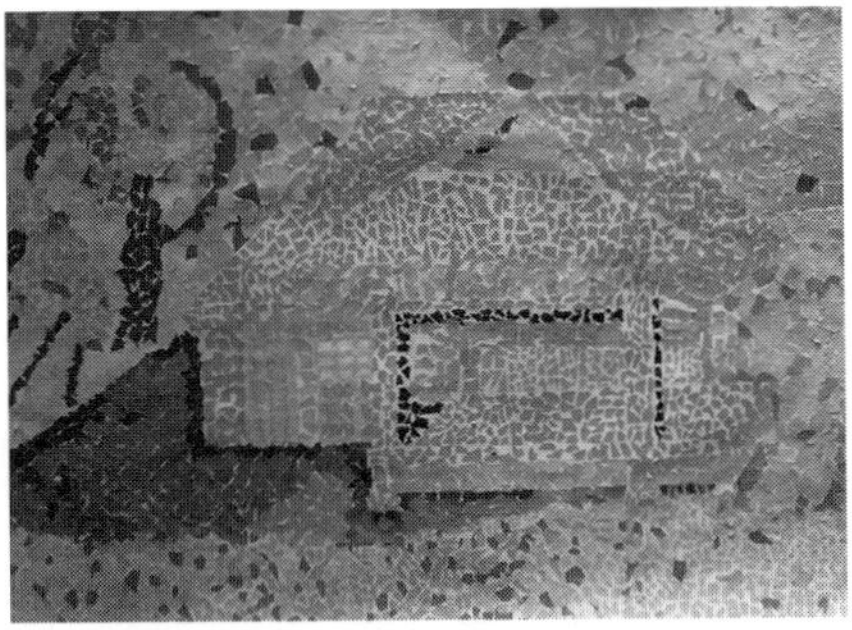

古民家と自然の開放感は、今の時代最高の子育ちの場だと思います。子育ちに関わる大人をも育てます。今回この文をまとめさせていただいてもう一度、がんばってみようかと勇気がわいてきました。

この大きな家が教えてくれることを文化として語り伝えることこそ私たちの役割かなあと思っています。

【野の花館理事・則松　和恵（のりまつ　かずえ）】

特定非営利活動法人 野の花館

所在地　〒884―0002　宮崎県児湯郡高鍋町大字北高鍋2664
TEL／FAX　0983―23―0701
E-mail　nonohana_tknb@ybb.ne.jp
URL　http://www.nonohanakan.com
機関紙　会報〈野の花館だより〉年四回発行
一言PR　ハレの日は舞台公演、ケの日は子どもの居場所として皆様のおいでをお待ちしています。何もなくても大きな家と竹林という癒しの空間が待っています。どうぞお越しください。

［用語解説］

おやこ劇場・子ども劇場…生の文化芸術や遊びの体験を通じて、子どもと大人がともに育ち合える地域をつくっていこうと、一九六六年に福岡で始まった。現在、六〇〇を超える地域で活動が広がっている。全国組織として「特定非営利活動法人子どもNPO・子ども劇場全国センター」がある。

土呂久鉱毒…土呂久（宮崎県高千穂町）周辺で発生した公害病。猛毒の亜砒酸を生産する鉱山で回収されなかった砒素が煙突から亜硫酸ガスとともに大気中に放出されたり、砒素を多量に河川に放出したりしたため、大気・水・土壌の環境汚染が進んだ。これにより、鉱山の労働者や周辺の住民が、急性・亜急性・慢性の砒素中毒となり死亡した。四大公害病（水俣病、第二水俣病、イタイイタイ病、四日市ぜんそく）に次ぐ、第五の公害病といわれている。二〇〇六年二月現在、土呂久公害の認定患者は一七三人（生存患者五五人）にのぼる。

編集委員はこう読んだ！

『子育ち学へのアプローチ』（二〇〇〇年）に掲載された実践から七年後、古い家屋を使用して文化芸術を普及するだけでなく、保護者や地域の方との関わりが描かれ、活動の広がりが見えています。三〇年間の活動を通して、地域や子どもの変化を知っている方が、できることをどう継続していくかを考えてこられた実践でもあります。野の花館が「子」「親」「地域」とのつながりを大切にしており、そのつながりが大事な時に実を結ぶ強さを感じます。地方の難しさを感じながら、活動を理解してくれる地域の人を増やし、活動の幅を広めているところも素晴らしいですね。

「ケの日」に子どもの居場所となっていることも見逃せません。ここで過ごすことを通して、子どもにも大人にも変化が見られ、子育ち・子育ての場所となっているのでしょう。

事例 4

「やりたいこと」を伸ばす場所
――子どものもつ「自発性」の可能性

戸田市スポーツ少年団

● スポーツ少年団の理念とリーダー会

まずはじめに、今回紹介するスポーツ少年団ならびにリーダー会について説明をしたいと思います。スポーツ少年団とは地域のなかでスポーツを中心とした活動を行う団体で、一つの団で一つの種目を扱う単一種目団と複数のスポーツを扱う複合種目団とに分かれます。スポーツ少年団の活動理念は「少年たちが、自由時間に、地域社会で、スポーツを中心としたグループ活動を行う」となっています。つまり、スポーツの「勝ち負け」にこだわりをもつのではなく、「生涯」にわたり地域社会のなかでスポーツを中心とした活動を続けていくことをめざしています。しかし、実際の状況に目を向けると、必ずしも前述した活動理念が達成されているとはいえません。競技スポーツの意味合いが強くなってしまい、「勝ち」だけを求めることに団全体の目標がシフトされることが少なくありません。そうなることで、結果を残せる子どもたちだけが残り、その他の子どもたちは活動に参加しにくくなっていきます。しかし、そもそもスポーツ少年団がめざしているものはそうではありません。地域社会のなかでの子どもの育成、学校教育ではまかなえない「教育」の提供、青少年が抱える問題を解決する手段であることが求められています。

これらを実現するためにスポーツ少年団リーダー会は組織されました。自分の単位団（スポーツ少年団では個々の団を「単位団」と呼びます。）内に留まっていると、普段の活動は自分たちの行っている種目の試合で勝つための練習が中心となってしまいます。しかし、リーダー会の活動を通して他の単位団の活動状況を知ることや他の単位団の人との関わり合いを築いていくことで、自分たちの単位団の活動を見直し、普段抱えているリーダーとしての活動の悩みを解決していきます。そうすることで、自分の単位団にリーダーとして活動を還元し、それぞれの単位団で前述した狙いが成し遂げられることを目的としています。また、それだけではなく「リーダー」になるための学びがさまざまな活動を通し行われるので、それらの活動を通し、会員自身にとっても成長の場となり、学校教育のなかでは得ることのできない「学び」を得ることを目標としています。

● 戸田市スポーツ少年団リーダー会の取組み

次に、私が所属する戸田市スポーツ少年団リーダー会とその活動について紹介したいと思います。私たち戸田市スポーツ少年団リーダー会では、地域のなかに存在するスポーツ少年団の単位団で活動する「リーダー」と呼ばれる中学生以上の団員（日本スポーツ少年団では、中学生以上の団員をリーダーと呼び、小学生団員の手本となり団活動が円滑に進むようにサポートをする役割を担っています。）が市内各地から単位団の枠を越えて集まり、自分たちの単位団の活動内容の充実を図るために組織されています。

戸田市スポーツ少年団リーダー会では年間を通して以下の四つを主な活動として行っています。①市内のリーダー会会員が交流を深め、レクリエーションゲームに限定しないレクリエーション活動を実践しながら学ぶ定例会。②県内全体のリーダーに参加を呼びかけ、情報交換や新たなリーダー同士のつながりをつくっていく交流事業。③老人スポーツ大会や戸田市青少年祭りなどの地域事業の事業協力。④子ども会やスポーツ少年団各単位団からの依頼によるレクリエーション実践。これらの活動を現在、約五〇人いる会員とともに行っています。

運営は年度初めの総会で高校生以上の会員から役員を選出、役員会を組織し企画・運営をします。

中学生会員にはまず「経験」を大事にしてもらうために、①の定例会や、②の交流事業では役員が企画したものへの参加型の形式をとっています。また③・④の事業協力に関しては役員が運営に関する講習会を行い事業協力に携わってもらいます。役員は、数々の行事の企画・運営の他、要綱発送や予算のやりくり、会員とのコミュニケーションなどを通じて、学業の傍ら多くのことを経験しています。①の定例会、②の交流事業ではレクリエーションゲームの実践や奉仕活動、スポーツ活動や創作活動などグループ活動を中心として自分の単位団以外の団員との関わりを大事にしていくこと、幅広い年代の人たちとの関わり合い、ここでの実践を自分の単位団に戻って活動に活かしてもらえることに留意しています。また、③・④の事業協力では市内の高齢者の方たちの運動会で備品整備をしたり見本を示す、あるいは地域のお祭りで子ども向けの無料縁日の店出しをするなど、実際に運営側に立つことで、自らの頭で状況確認をし、思考・判断・実践ができる能力の育成に留意しています。また、リーダーは人を引っ張っていく力や人の上に立って実践を行える子どもの育成のみを目標としているのではなく、小学生団員の「お兄さん・お姉さん」としての役割を果たし、また縁の下の力もちのような存在になっていくことを期待しています。誰か一人、団体を引っ張っていく人を「リーダー」と呼ぶのではなく、中学生以上の団員全員をリーダーと呼ぶのはこのような意味合いも込められているからではないか、と活動を通して思うようになりました。また、私たちの呼ぶ「リーダー」には決められたカタチがなく、一人ひとりの性格を生かした「リーダー」としてのカタチが存在して良いのだと思います。そして、一人ひとりに足りない部分を補い合える場所としてリーダー同士の集まりである本会が位置づけられればと考えています。

●「居場所」としてのリーダー会

では、子どもたちはこれらの活動を通してどのような育ちを遂げていくのでしょうか。本会は、一九八一（昭和五六）年に組織されて以来、活動内容に工夫を重ねながら今日まで継続して活動してきました。しかし、私が本会と関わりをもち始めたのは会員資格を得る中学一年生からなので、そこから顧問として活動している現在までの一一年間に限ったお話になることを先にお断りしておきます。また、会員は中学一年生～大学生までと年齢層が広くなっていますので、今回は役員として中心的に活動を展開し

てくれる主に高校生以上の子どもたちについて書きたいと思います。

本会に登録をしている高校生以上の会員は、実に特色豊かな団員ばかりです。スポーツマンの子、勉強をコツコツとやっている子、携帯電話片手に人の話を聞く子、高校を中途退学した子、とさまざまです。毎年毎年新入会員が入ってきたり、中学生会員が高校生会員になり自分の世界が少し広がりをもった時に変わっていく様子は、見ていて驚くばかりです。子どもたちの環境への適応の早さにただただ感心をしています。しかし、これらの子どもたちに共通して言えることは「周囲と同化すること」に一種の意味を見出しているということです。言い換えれば、枠に収まることに反発しながらも、同時に枠に収まることで安心感を得ているのです。つまり、自分の「意思」を表面化することがすごく苦手な子どもであるということです。それは、現代の教育制度のなかで子どもたちがいつの間にか学校教育のなかで享受されてきたものの結果なのかもしれません。周りと違うことを言えばいじめられる、先生の言っている通りに行動していれば「良い子」と評される、というような学校教育現場において自然と子どもたちが自己防衛的に身につけてきた能力なのだと思います。

しかし、本来彼らはそうあることを望んでいるわけではないはずです。役員になると企画・運営、お金の管理や指導者（リーダーの活動を見守ってくれている後見人のような人がいます。）との関わりなど、すべてを自分たちの頭で考えて行動しなければなりません。学校から帰宅をすると週に一回程度行われる会議に出席し、話し合いを進めていきます。年度初めは全く意見が出ずに、役員経験のある年上の団員が引っ張っていくばかりです。しかし、日を追うごとに一つの事業を任されるようになり、責任者として運営をしていきます。自分が考えて、自分で進行をしなければその事業は成り立たなくなってしまいます。話を聞くと、はじめはその責任が苦痛で仕方なかったと言います。もちろんそうです。今まで、このように責任を負わされたこともほとんどないのですから。しかし、少しずつ経験を積んでいく彼らは会議に対する姿勢にも変化が現れます。先輩の出した意見に「それでいいと思います。」と相槌を打って二時間半の会議に参加していた子たちが、「私はこうしたい」「ここはこうした方がいい」と自分の意見を表明するようになっていきます。そして、誰かが出した意見と自分の意見を対立させるという姿も見受けられるようになりました。これは、数ヵ月で得られる結果ではなく、一年、二年と継続して活動を続けていくなかで少しずつ見られる変化だと思います。また、これらは「やらなければいけないこと」ではなく、自分たちが「やりたいこと」として、自発的に集まった結果だとも考えています。自分たちの組織だからこそより良くしたいという気もちが働くのではないでしょうか。

また、本会ではいくつかの決められた細かいルールがあります。たとえば活動中はTシャツをジャージのなかにしまう、靴は踏まない、五分前には集合するなどです。一見学校のようなこれらのルールを中学生会員は自主的には守りません。「ダサい」「かっこわるい」が主な理由です。このような団員に対し、私たちのような指導者が上から注意し、抑えつけることは簡単です。しかし、それでは学校と変わらなくなり、意味がありません。先に挙げたルールはいずれも安全性や活動を円滑に進めるために必要なものであり、団員自身が自発的にその重要性に気づかなければ意味がありません。それを促しながら一緒に実践していくのが役員たちです。彼らも当初は「嫌だー」「ダサい‼」と言って、リーダーだった私を手こずらせていた子たちでした。しかし、今では中学生団員にその大切さを教えていくようになりました。私たちが何も言わなくても、「今時の子どもたち」にしては気もちが良いくらいの姿勢がみられるのも、リーダー会という一つの小さな社会のなかで彼ら自身が自発的な学びが形成されているからだと思います。

おわりに

今後さらにリーダー会が発展していくことを考えた時にまだまだ社会的な認知度が低いことが課題だと考えられます。スポーツ少年団自体の認知度はさほど低くありません。しかし、リーダー会の活動となるとほとんど知られていませんし、学校の先生にすら理解されていません。そのため、部活との両立に苦しんで仕方なく辞めて行く会員もいます。学生が主体となって行っている団体のため、学校の先生の理解なしには十分な活動時間の確保が難しくなってしまいます。また、内的な活動になりがちなので、社会的認知度を上げ、さまざまな方々から広くご指導いただけるような環境づくりが今後の課題だと考えています。

【元リーダー会顧問・小林　夕紀恵（こばやし　ゆきえ）】

戸田市スポーツ少年団リーダー会

連絡先　〒335—0027　戸田市氷川町3—1—21—503
担　当　福地　賢司
TEL　048—443—9069
機関誌　会員への広報誌「ナハナハ」を年に一〇回程度発行しています。
一言PR　高校生、大学生を中心とした役員が各々の学校生活と両立をさせながら頑張って活動しています。それぞれの会員が自分の育ってきた単位団の団員のよきお兄さん・お姉さんとなれるように、また、自分たちで考えたことを実現できるよう努力しています。もちろん苦労していることもたくさんありますが、それも良い経験となっています。活動中はいつも笑い声が絶えず、学校外の場所で子どもたちがイキイキとしていられる場所です。ぜひ一度、お近くのスポーツ少年団をのぞいてみてください。

［用語解説］
スポーツ少年団…一九六二年に財団法人日本体育協会が創設した地域子ども組織。全国におよそ三万五千団あり、スポーツを中心に活動している。

編集委員はこう読んだ！

少年団はそれぞれの目的に特化されがちですが、スポーツに限定することなく、団を拠点とした「つながりづくり」を大切にしている実践です。それが中高生のリーダーによってサポートされることで活動の幅が広がります。

リーダーは引っ張っていくことだけでなく、縁の下の力もちであること、いろんなリーダーがいていい、という視点がもたれていることの良さを改めて感じます。その子の存在価値が認められるということは、当たり前のことで実は難しいことなのかもしれません。多感な時期に個性を生かしてどう生きていくかを考え、活動できる場があることがいいですね。

また、支えるリーダーにファジーな存在が求められていることも読み取れます。年代によって見えることの違い、いろんな年代の人が関わることの大切さ、それによって関係性に深まりが出てくることを、再確認しなければなりません。

事例 5

子どもたちの豊かな育ちを大らかに見守る共感の輪

冒険遊び場たごっこパーク／NPO法人ゆめ・まち・ねっと

「たっちゃぁぁぁん（＝執筆者）、行くよぉ！」

「イェーーーーイッ！」

四メートルはあろうかという土手から子どもたちが豪快に川に飛び込みます。これはゆめ・まち・ねっとが実施している「冒険遊び場たごっこパーク」と呼ぶ活動でのひとコマです。子どもたちは自由な遊びのなかでキラキラと輝きます。それは子どもたちが生きていることを無意識に実感する時間でもあります。ゆめ・まち・ねっとは、子どもたちにこんな輝きをたっぷり提供しようと二〇〇四年九月に設立したNPO法人です。めざすのは、「たごっこパーク」などに参加する子どもたちがその時間だけ楽しく遊べるようにすることではありません。

実践的な活動を通して、子どもたちの生き生きとした遊びと豊かな育ちを大らかに見守る大人の共感の輪を育んでいきたいのです。

「たごっこパーク」は、万葉集にも詠われた田子の浦近くの公園と川で、毎月八日間ほど実施しています。ここで繰り広げられるのは子どもたちのひたすらに自由な遊び。川遊び、火遊び、木登り、穴掘り、廃材工作、そして名もなき遊びの数々…。大きな特徴は、大人が企画したお楽しみイベントや遊びのプログラムが用意されていないということです。流しそうめん大会や巨大シャボン玉ショー…クラフトづくりに昆虫観察…そういったものはいっさいありません。遊びを指導するお兄さん、お姉さんもいません。

これでイマドキの子どもたちが遊べるのか。よく聞かれます。心配ありません。ここには、「思いっきり自由な遊びができそうだぞ」という空気感が充満しています。それさえあれば、子どもたちはハチャメチャに遊び込みます。

ある日、子どもたち数人がブルーシート、ロープ、廃材、ドラム缶…、それらを巧みに組み合わせ、立派な基地を作りました。川遊びでずぶ濡れになっては基地で着替えをし、焚き火で沸かしたお湯でラーメンを作っては基地で食す。土曜、日曜、祝日と三日間、そこで暮らしているかのように過ごし、遊んでいました。三日目の夕方、「たっちゃーん、またねー」と自転車に乗って、颯爽と家路に着く子

どもたち。秘密基地はと振り返ると、跡形もなく、片付けてありました。

イベントもない、プログラムもない。いつ来てもいい、いつ帰ってもいい。遊ぶのも自由、遊ばないのも自由。だからこそ、子どもたちは自由に生き生きと遊ぶのです。

「たごっこパーク」で子どもたちが繰り広げるのは、ハチャメチャな遊びばかりではありません。一年生の男の子がお母さんに連れられて初めて遊びに来ました。草野球をやっていた子どもたちに交ぜてもらい、楽しげに遊び始めました。でも、じきにアウト、セーフで揉め出し、結局、初顔の男の子が仲間外れにされました。溢れ出す怒りの感情。それさえもお母さんに抑えられ、居場所をなくす男の子。その傍らへ常連の五年生の男の子と四年生の女の子たちが座り込みます。いきさつをじっくりと聞き、慰めたり、仲直りを促したり。お母さんの説得には反発していた男の子が子どもたちの関わりによって、再び、草野球の輪のなかへ笑顔で戻っていきました。

さて、こんな子どもたちの姿を目の当たりにすると、大人はついつい、遊びを通して、子どもたちの創造性を育もう、協調性を養おう、社会性を身に付けさせようなどと意図してしまいます。もちろん結果として、遊びがそうした面を生み出すことはあるでしょう。でも、「たごっこパーク」では、遊びによる子どもたちの健全育成、という目標

は掲げていません。子どもたちがありのまま受け容れられる場所、ただ、それだけでありたいのです。ここは学び場ではなく、あくまでも遊び場なのですから。

こんな活動に共感の輪が広がっています。ある日、公園の近所に住むおじちゃんが大型のかき氷製造機と四角い大きな氷の塊をもってやって来ました。「今日はあちぃ（暑い）で、子どもっちにかき氷でもやってやるだよ」と。子どもたちがなんだ、なんだと集まってくるなか、「シャッ、シャッ、シャッ」、軽快な音とともにみるみるできるかき氷。子どもたちの目がにんまり輝きます。

「うまいっ！」「おいしぃー！」「ありがとぉー！」。

いつも公園にお散歩に来るおじちゃんがナマズ釣りを手ほどきしてくれたこともあります。畳屋を営むおじちゃんがござや廃材をもってきてくれたり、公園でグランドゴルフを楽しんでいるおじいちゃんが竹馬や野球バットを寄付してくれたり。

「ここに来る子どもらは平気でヘビ捕みゃーたり、川へ飛び込んだり、まったくみんな勇ましいなぁ。今どき、いにゃーよ、こんな子っち。」

ある日は、地縁団体の会長さんが自家菜園で採れた芋や大根を山ほどもってきてくれました。

「これで、子どもっちに芋煮鍋でもやってあげてよ。」でも、遊び場の運営と芋煮鍋の仕込を同時にはできません。常連の子どもたちの親に〝芋煮隊募集〟の声を掛けました。冷たい雨の日でしたが、何人ものお父ちゃん、お母ちゃんが来てくれました。なかには、追加の具までもってきてくれる人も。おいしそうな芋煮ができた頃、真冬の川で遊んでいた子どもたちも上がってきました。「おぉ、ちょうど芋煮ができてるよ」、「やったー」。

参加している子どもたちの親から嬉しい便りが届きます。

「たごっこパークは、仲間と共にハチャメチャに遊んだ小さい頃の自分を思い出すとともに、我が子にもそういうキラキラ輝く子ども時代を過ごさせたいと再認識できる場所です。」

「親にとってものびのびゆったり自分らしくいられる救いの場所です。たごっこパークでは子どもと一緒に笑顔で過ごせます。親になって良かったな、なんてことまで思えてきます。」

ところで、ゆめ・まち・ねっとのスタッフに求められる資質があります。それは、「子ども〝と〟遊ぶのが好き」なことよりも、「子ども

〝が〟遊ぶのが好き」という感覚をもっていることです。子どもと遊ぶのが好きという大人は、しばしば、子どもたちの遊びの世界に君臨してしまうことがあります。スタッフの役割は、あくまでも子どもたちが子どもらしい時代を過ごせる環境を広げていくこと。ゆめ・まち・ねっとが展開する活動はどれも、そこにつながっています。市民活動をやっているといろんな風評が耳に入ることもあります。それでもブレずに続けていられるのは、子どもたちが自分たちの居場所として愛してくれているからです。そして、そのことが大人の共感をゆっくりと、でも着実に広げる大きな力になっています。

出会ってくれたすべての子どもたち、ありがとう！

【ゆめ・まち・ねっと代表・渡部　達也（わたなべ　たつや）】

ＮＰＯ法人ゆめ・まち・ねっと

所在地　〒416−0939　静岡県富士市川成島74−1
電話／FAX　0545−65−4187
E-mail　yume-machi-net@r5.dion.ne.jp
URL　http://www.h6.dion.ne.jp/~playpark/
機関誌　「たごっこ元気っこ」月一回発行、メールマガジン「ゆめ・まち・ねっとだより」月一〜二回発行
主な活動　冒険遊び場たごっこパークのほか、会費制の遊び活動「ガキンチョ団！」、中学生の学びの

支援「寺子屋」、駄菓子屋風たまり場「だがし家くい亭」、春夏秋冬わんぱくキャンプなどを展開している。また、子育て応援講座を随時、企画・実施。全国各地の遊び場立ち上げ支援や「子ども」、「遊び」などをテーマにした講演活動も多数。
機関紙「たごっこ元気っこ」や各種情報誌への寄稿文などはホームページで閲覧可能。

［用語解説］
冒険遊び場…一九四三年第二次世界大戦中、造園家ソーレンセン教授により提唱されたコペンハーゲン市郊外の「エンドラップ廃材遊び場」から始まった。日本には一九七〇年代に初めて紹介される。子どもの遊び環境が貧弱化していくなかで、住民主体の自発的な運営により、現在二三〇を超える団体が冒険遊び場（プレーパーク）活動に取り組んでいる。

編集委員はこう読んだ！

子どもって、何も用意されてなくても遊べるんですよね。子ども時代の「遊び」の重要性、それを大人が理解し、「見守る」立場をとることの大切さが書かれています。子どもと関わる大人に必要な要素についても示唆されています。見守る立場を取りながら、同時に子どもの内発的活力を引き出せる人が求められているのですね。この何も用意されていない遊び場や「たっちゃん」のような大人の存在は、特別な事例ではなく、昔は当たり前の風景だったのでしょう。今では貴重になってしまいましたが、これからも大事にしていきたい風景なのです。

活動を継続していくためには、成果を出していかなくてはなりません。活動する場所・団体・内容によってその成果はさまざまですが、数字で表すことのできるものは少ないのです。ここでの成果は、活動を理解してくれる地域の人が存在するということではないでしょうか。子どもに関わる仕事は、子どもの成長をみるだけでなく、活動を理解してくれる大人を増やすための働きかけが大事になります。地域のつながりは、すでに「ある」ものではなく「創っていく」ものだからです。この遊び場は、まちづくりの一端も担っています。

答えは子どものなかにある

松井　茜

ある日の仕事からの帰り道。一〇センチほどある大きなカエルが、アスファルトの上を跳ねていました。前方に目を向けると、塾がえりの子どもたちが歩いてきます。一人の男の子がさっそくカエルに気が付きました。

「おーい、来てみろよ！　カエル！　カエル！」

その男の子は友だちを大声で呼び、また友だちも笑顔で走っていきます。今も昔もその笑顔は変わらないなーとうれしく思いました。大人でもびっくりするくらいのカエルですから、子どもたちがカエルを見てどんな反応をするのか見てみたいと思い、私は振り返って観察しました。

すると、五人の子どもたちはカエルを取り囲み、「でかーい！」とその大きさに感動し、笑い出しました。その後すぐ携帯電話を取り出し、写真を撮り始めたのです。カエルに触れることもなく…。

私は写真を撮った子どもたちに疑問を感じました。私はカエルを触ってほしいと思いました。いや、せめて木の枝でも拾ってツンツンしてほしかったのです。寄り道をしているときに見つけたおもしろいものに心を傾け、触ったり生命を感じたり、いたずらをしたり怒られたり…。そんな時間を通して、生きる力を自分の力で育ててほしいと思っています。

私たちの仕事は、常に「時代」と向き合っています。時代は常に変化しており、子どもの生活やそこから起きている問題もまた変化します。カエルの写真を撮った子どもたちから、私は貴重な直接体験の場が減ってきている危険性を感じました。他にも、携帯電話の普及を危惧する人もいれば、遅い時間に塾から帰ること自体疑問に思った人もいるでしょう。

子ども時代に何を体験してもらいたいか。今を生きる子ども一人ひとりに何が必要で私たちは何ができるのか。子どもたちが抱える問題は何か、どうすれば取り除けるのか。あるいは子どもたちが本当にやりたいことは何か、その気もちをどうくみ取るのか…それらを考え、取り組んでいくのが私たちの仕事なのです。

ある児童館に勤務している先輩職員からいただいた言葉があります。「答えは子どものなかにある」という言葉です。目の前の子どもたちに関わるなかで見えることがたくさんあります。私たちがやるべき仕事も子どものなかにあるのだと思います。

（まつい　あかね）

第3部
各論編

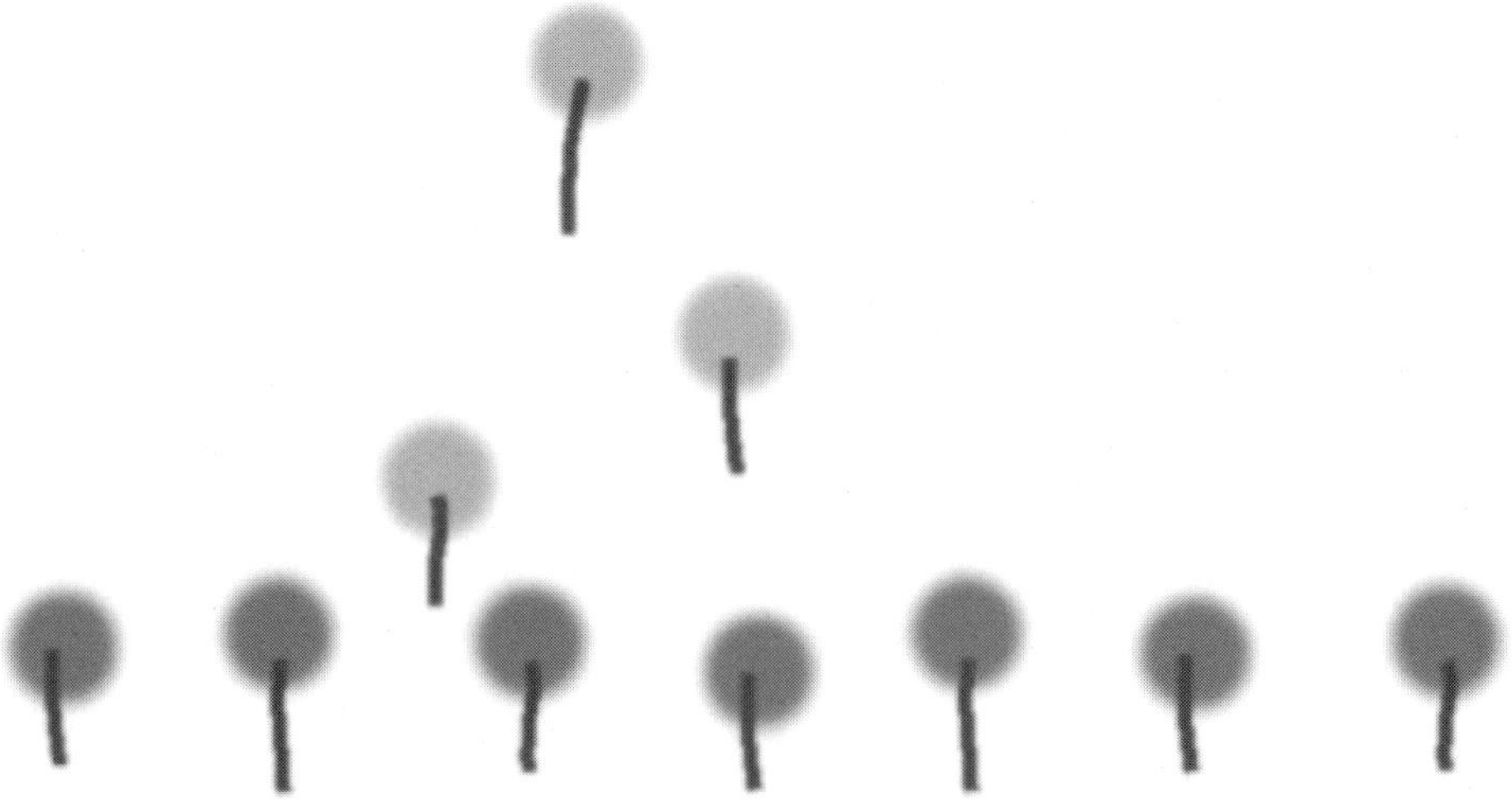

1

子育て・子育ち協同のネットワークのひろがりと課題

阿比留　久美

1　はじめに

子どもが育つ地域の様相は、戦後から高度成長期を経て大きく様変わりしてゆきました。一方で都市化・過密化が進み、もう一方で過疎化が進んでゆく、どちらの地域においても地域の「つながり」が弱まり、子どもを育てるときの地域の「つながり」が失われていきました。一九六〇年代からさまざまなかたちで展開されてきた子育て協同の営みは、地域の「つながり」を編み直していこうとする営みでもありました。

八〇年代になると、「協同の子育て」の営みが地域ネットワークとも形容されるようになり、その活動の形態も変化してきました。そこでこの章では、父母住民がつくりあげていく「子育て・子育ち協同」のネットワークの形態がどのように変化し、現在どのような状況を迎えているのかに着目しながら、子育て協同のアクターの様相を捉えなおしていきたいと思います。

2　子どもの育ちを支える活動の変化とひろがり

高度経済成長に入ってからの日本では、地域社会・産業構造・家族形態とあらゆる側面において子育て環境が変化し、育児不安が強まるなか、各地で共同保育や学童保育、子ども劇場・おやこ劇場などの協同の子育てがつくりだされてきました。

小木美代子さんは、戦後教師主導でつくられた子育て・子育ち運動や組織づくりを第一期、一九七〇年代以降の民間の保護者・大人たちによってつくられた子育て・子育ち運動や組織づくりに取り組んできたおやこ劇場などを第二期とすれば、八〇年代後半からはじまった公私、価値観やセクション、専門の違いを超え、協同・協働して行うパートナーシップによる子育てグループの形成を第三期といえるのではないかと提起しています[1]。

この第三期にあたる八〇年代ころから内容面ではフリースクール・フリースペースといった不登校の子どもの「居場所」や冒険遊び場といった新たな活動が展開されるようになり、また社会教育関係団体とは異なる民間団体と行政との間で新たなパートナーシップが模索されるようになってきています。そのなかには、ＮＰＯ化したり、指定管理者制度などによって行政の委託を受けたりと、公共性を意識しつつ「なりわい」として子育て・子育ち協同の活動にかかわる人々も増えています。

杉山千佳さんによれば、子どもに関するＮＰＯは子育て真っ最中の母親たちによる子育てサークルが子育て支援に視野をひろげた団体に発展していったものと、子育てがひと段落した中高年世代が子育て支援にかかわるという二つの動きに大きくジャンルわけできるといいます。[2]共同保育・学童保育や子ども劇場・おやこ劇場の活動は前者に位置するといえ、子育て中にはじめた活動をその後もずっと継続している人たちや、子育てを終え少し余裕ができた人たちによってなされる活動が後者にあたるでしょう。

子育て・子育ち協同の活動の第一期、第二期の蓄積を経て、前者の活動に加え、後者の活動が豊かに展開されるようになっていることは、子どもに関する活動の担い手の厚みが増してゆき、裾野が広がっていることを示しているといえるでしょう。

3
子育ち・子育てネットワークの三つの側面

さて、かつて地域社会のなかで前提とされていた「つながり」が弱くなり、子育て・子育ち協同の「つながり」を編みなおす過程のなかで、地縁にとらわれない自由で自主的なヨコのつながりづくりを示す言葉として、一九八〇年代からネットワークという言葉が使われるようになってきました。[3]ネットワークとは、「人と人との間で形成される社会的諸関係の網の目」と定義できますが、子ども同士の「つながり」、親同士の「つながり」、地域の「つながり」を編んでゆく子育て・子育ち協同の活動を考えていくときのキーワードといえます。

このネットワークという視点は、大きく三つの層にわけて考えることができます。ひとつは個人がもっているネットワーク、もうひとつが集団のなかでのネットワーク、三つめが集団間のネットワークになります。子どもの育ちを支えるネットワークを考えるときには、この三つのレベルの相違をおさえる必要があります。

子どもはひとりで育つのでも、ひとりで育てるのでもありません。子どもが豊かな「つながり」のなかで育っていくためには、保護者がひとりで孤軍奮闘するのではなく、大人同士も「つながり」ながら、子どもの「つながり」を広げていくことが大切です。そのためには、まず大人同士がネットワークをひろげていくことが第一歩となります。

そのうえで、子育て・子育ち協同の活動のなかで子どもも大人も「つながり」を深めていくことによって、そこが大人にとっても子どもにとっても居心地のよいものになっていくといえるでしょう。そして、最終的には子育て・子育ち協同の活動同士がネットワークをつくるなかで、情報交換をしたり、活動を広げていったりすることを通じて、地域全体が子どもの「居場所」になっていくと考えられます。

この三つの層のネットワークは相互に関連しあいながらも、異なるしくみで構成されています。増山均さんの『子育て新時代の地域ネットワーク』（大月書店、一九九二年）では、ネットワーク形成の三つの側面にヒントを与える実践事例が紹介されています。それぞれのしくみを押さえながら、三つの層のネットワークをそれぞれ豊かに広げ、深めていくこと、それが子どもの育つ地域社会を育む重要な視点になってくるでしょう。

4

子育て・子育ち協同の活動の地域ネットワーク形成

一九七〇年代から一九八〇年代にかけて、子ども会少年団や子ども劇場・おやこ劇場など第二期に展開された民間の子育て運動が全国的なネットワークを形成していきました。

二〇〇〇年代に入ると、活動内容・目的を共有する活動同士の全国的なネットワークに加え、もう少し狭い範囲で「地域」を軸にしながらさまざまな種類の活動・団体がつながっていこうとするネットワークが目立ってくるようになってきています。ひとつは「子どもの生活圏」を豊かにしていくことをめざして地域の活動がつながってつくられるネットワーク、もうひとつは地域の子ども組織・NPOを支える中間支援組織のネットワークです。

(1)「子どもの生活圏」をベースにした地域ネットワークづくり

「子どもの生活圏」をベースとした地域ネットワークを形成している活動としては、八八年にはじまった貝塚子育てネットワークの会（大阪府）などがさきがけであるといえます。九九年に活動を開始した東京都の渋谷ファンインでも渋谷区内の一一ヵ所の活動がゆるやかなネットワークを形成しながら、地域のあちこちに子どもの「居場所」を広げています。渋谷ファンインは、各ファンインが独自性をもってそれぞれの地域で活動しつつも、「渋谷の小学生、中学生、そして高校生のみんなが大好きなことを楽しめる身近な居場所」をめざし、渋谷という地域が「点」ではなく「面」として子どもの「居場所」になることを視野に置いている取組みといえます(4)。

このように地域のネットワーク組織が意識してつくられるようになってきた背景には、かつては当たり前のものとして前提にすることのできた地域の「つながり」が当たり前のものではなくなってきて、互いに知り合い、支えあって活動していくためにはそれぞれの活動同士が意識的につながっていく必要性を感じるようになったということがあるでしょう。

それと同時に、地縁組織とは独立して活動をはじめたNPOなどの民間団体が、個々の活動のなかだけで子どもの育ちを考えるのではなくて、地域全体を見通し、「子どもの生活圏」を豊かなものにしていくために、地域との「つながり」を切り結ぼうとしている側面もあるでしょう。

地域の「つながり」を意識的につくっていかなければ、子どもを見守る地域のネットワークが維持されなくなっているという子どもが育つ環境の困難さを示す反面で、それまで性質の異なる団体としてお互いの活動や存在をあまり認識していなかったPTAなどの学校教育関連の団体、社会教育関連団体、そのほかの民間団体がつながる可能性を内包した展開がみられているのです。

(2) 地域の活動を支える中間支援組織の登場

ネットワークの新しいあり方としてもうひとつあげられるのが、NPOなどの市民活動を支援・育成する中間支援組織です。中間支援組織とは、「多元的社会における共生と協働という目標に向かって、地域社会とNPOの変化やニーズを把握し、人材、資金、情報などの資源提供者とNPOの仲立ちをしたり、また、広義の意味では各種サービスの需要と供給をコーディネートする組織」のことですが、その多くが「地域のNPOの育成」、「地域でのネットワークづくり」を活動目的としているところに特徴があります[5]。

子どもに関する中間支援組織としては、日本子どもNPOセンターのような全国規模のものもありますし、都道府県規模、市区町村規模のものもあります。規模はそれぞれ異なりますが、NPOの支援を通じて、子育てを社会全体が支える仕組みをつくりだそうというミッションにおいては共通しているといえるでしょう。

中間支援組織のなかでもユニークな取組みとして、非営利の市民基金として子どもにかかわる活動に資金助成を行っている神奈川子ども未来ファンドがあげられます。ＮＰＯ法成立以降、各地で子どもに関わるＮＰＯが設立されていますが、ＮＰＯの特徴として財政基盤が脆弱であることがあげられます。財政的な問題が活動継続のＮＰＯのネックになっているなかで、神奈川子ども未来ファンドでは、民間非営利組織の財政基盤を確立するために基金を作り、資金助成を行っているのです。これまでに資金助成を受けた団体は、学童保育・環境教育・子育てサロン・外国にルーツをもつ子どもの支援・フリースクール・冒険遊び場・人権擁護と多岐にわたっています。活動内容は異なっていても、神奈川県内の子どもの育ちを支える活動がネットワークを形成し、協同しながら、ＮＰＯ支援を行い、情報を発信してゆく新しいかたちのネットワークづくりとして注目されます。

二一世紀を迎え、活動内容を共有する組織のネットワーク形成から、活動内容は異なっていても地域で子どもを育てるという理念を共有する人々によるゆるやかなネットワーク形成へと、ネットワークの形態がよりひろがりをもつようになってきているといえるのではないでしょうか。

5　地域との「つながり」づくりの難しさ

次に、子育て・子育ち協同の活動が地域と「つながり」をつくっていくときの課題をみていきます。

子育て・子育ち協同の活動には、地域との「つながり」をあまり求めず、むしろ地域からは独立して活動を行っているものもあります。その一方で、地域の子どもを対象に「地域」を軸に据えながら活動を行っているものも多くあります。

地域に軸足を置いた活動は、地域の子どもを健やかに育てていこうという想いでは町内会・自治会・子ども会といった旧来の地縁組織と共通であるにもかかわらず、具体的文脈のなかではしばしば地縁組織の価値観や利害と対立してしまい、なかなか地域に受け入れてもらえないことがあります。そのため、子育て・子育ちの活動が地域に認められ、受け入れられるまでに多大な努力が必要とされることがあります。

たとえば、新しくはじめられた活動が受け入れられるために、その活動を運営する大人たちがＰＴＡの活動や町内会・自治会・地区委員会などの地縁組織への活動に積極的にかかわってゆき、自分たちの活動を地域で認めてもらえるようにすることが地道に積み重ねられてきました。もちろん、子育て・子育ちの活動は、地域づくりの活動と直結しているものなので、町内会・自治会などの地縁組織での活動にかかわることは重要な役割です。しかし、子どもの文化活動に携わる方から「本当の意味で地域に受け入れられるのに二〇年かかった」という話をうかがったこともあり、子育て・子育ち協同の活動から地縁組織に歩み寄っていくだけでなく、地縁組織の側からも新しく生まれてきた活動を応援し、育てていこうという気運がもっと求められるように思います。

子育て・子育ちの活動にとどまらず、市民のボランタリーな活動が豊かに展開していくためには、ＮＰＯなどの想いをもった活動と町内会・自治会といった地縁組織の担う地域密着型共同性とがどのようにバランスをとっていくかが今後の重要なポイントになってくるのではないでしょうか[6]。

6　子ども組織の支え手の変化

活動の多様化、ネットワーク化がさまざまなかたちで形成されてきていますが、ここで注意しなければならない問題として子ども組織の支え手の変化も指摘しておかなければいけないでしょう。わが子の子育てをおけいこごとや塾に頼る「委託加工の子育て[7]」観がひろまるなかで、父母住民のフリーライダー化が進み、活動を担う人への負担の増大がみられます。しかし、地域のつながりが失われていくなか、地域全体で子どもを育てるまなざしをひろげていくためには、必ずしもコミットメントの度合いが高くない大人も活動にかかわっていくことのできるような仕組みが必要になってきます。

そのように考えた時に、「子どもたちの豊かな育ちを大らかに見守る共感の和を広げる」ことをめざすゆめ・まち・ねっとの活動は、渡部達也さんご夫妻が常に子どもの「居場所」を見守りつつ、地域の人たちの参加の輪を広げていっているという点でとても参考になるものです。子どもたちの楽しそうに遊ぶ様子につられて、自宅で眠っていたかき氷製造機をもちだして子どもたちにふるまうおじさん、活動にひきこまれていく保護者…。義務や責任といったものではなく、うきうきわくわくする心に押されてゆめ・まち・ねっとにいつの間にかかかわっているのです。

地域に子どもを見守るまなざしを広げていくためには、熱心な人によって子育て・子育ち協同の活動が支えられながら、「できるときにできることを」楽しみながら、気軽に活動にかかわっていく支え手を増やしていく組織づくり、活動づくりが求められるでしょう。

7 おわりに

この章では、子育て・子育ち協同活動が年齢層においても内容の幅においても広さ・厚さを増しているなかで、活動内容によるネットワークに加え、「地域」を軸としたネットワークが意識的につくられるようになっていることをみてきました。その上で「つながり」を広げていく難しさにも少しふれました。子どもの育つ「地域」を軸に「つながり」を形成していこうという動きがあることは、活動間の「なわばり」争いをするのではなく、地域の子ども全体の育ちを中心に据えた活動づくり・地域づくりが行われつつあることを示しているといえるでしょう。

今後の課題としては、横の「つながり」＝ネットワークが広がっていっているなかで、世代継承という視点をもった縦の「つながり」を意識してつくっていくことを提唱したいと思います。たとえば、宮崎県高鍋の野の花館の活動は、則松和恵さんが子ども劇場で培ったアイディアや経験を発展させながら、古民家を移築して行っている文化活動です。学童保育や地元のアーティストを招いた定期的な音楽会からは、時代の変化、環境の変化に対応しながら、ひとつずつ自らの夢や想いを実現されていっている則松さんの姿がうかびあがってきます。それは、現在子育てをしながら活動をしている人たちにとっては、ヒントの山でしょうし、自分たちの二〇年後、三〇年後のモデルとなるものでしょう。

地域全体で子どもの育ちを見守るためには、地域の横の「つながり」を広げるとともに、世代継承という縦の「つながり」を広げていくことが大切になっていくと考えられます。

注

（1）小木美代子「一九八〇年代後半から顕在化する新しい子育ち・子育てグループの誕生とその背景」小木美代子・立柳聡・深作拓郎編『子育ち学へのアプローチ』エイデル研究所、二〇〇〇年、五一頁

（2）杉山千佳「期待される子育て支援NPOの役割」日本子どもを守る会編『子ども白書二〇〇二年版』草土文化、二〇〇二年、二一二頁

（3）子育て・子育ち協同の活動を最初に「ネットワーク」という言葉で捉えたものとして、増山均『地域づくりと子育てネットワーク』大月書店、一九八六年があげられます。

（4）渋谷ファンインのネットワークのひろがりについては、拙稿「子どもの『居場所』の協同的創造」日本社会教育学会編『NPOと社会教育』東洋館出版社、二〇〇七年をご参照ください。

（5）内閣府NPOホームページ「平成一三年度　中間支援組織の現状と課題に関する調査報告」http://www.npo-homepage.go.jp/data/report11.html#c22（二〇〇七／一二／一五）

（6）干川剛史「公共圏と市民社会」佐藤慶幸・那須壽・大屋幸恵・菅原謙編『市民社会と批判的公共性』文眞堂、二〇〇三年

（7）岩橋能二「七〇年代にともに取り組んだ〈子育て・文化・つくり〉運動―一九七〇年代（実践）」小木美代子・立柳聡・深作拓郎・星野一人編著『子育ち支援の創造』学文社、二〇〇五年、七七頁

（あびる　くみ）

2

現代の子どもの育ちに必要なスポーツとは

安倍　大輔

●はじめに～現代の子どもとスポーツ～

近年、一〇代、特にローティーンのアスリートがオリンピックや国際競技大会で活躍する姿は、以前に比べるとそれほど珍しいものではなくなっています。特に卓球やゴルフでは次から次へと若いスポーツヒーロー・ヒロインが誕生し、大人のトップレベルの選手に混じって勝るとも劣らない活躍を見せています。そして卓球やゴルフ以外の種目でも、才能ある子どもをいち早く見つけ出し、「天才」あるいは「第二の○○」としてメディアでも取り上げ、自分たちの種目に対する世間の注目をより一層惹きつけ競技人口が拡大することを期待しています。

そうしたローティーンのアスリートの活躍に加え、「もしかしたらウチの子も」と思う親の気持ちを反映してか、子どもを対象とした民間スポーツクラブ(1)が盛況です。バブル経済崩壊以降の日本の経済状況の影響を受け、余暇市場そのものは全体的に停滞していますが、スポーツ部門の子どもに関する市場では活性化しているものが目立ちます。たとえばテニス用品の全体の売り上げ自体は横ばいですが、子どもを対象としたテニス用品は伸びをみせています。また民間のテニスクラブやテニススクールは、二〇〇三年度には前年度比で九・三%伸びていて、生徒数は増加傾向が続いています。特に近年はテニスを題材としたテレビアニメやドラマの人気やジュニアやキッズ向けの普及活動を反映して、ジュニアがスクール生の四分の一を占めるほどになっているといいます。さらにゴルフも、若いゴルフファンを開拓するために「日本ジュニアゴルファー育成協議会」が設置され、キッズゴルフ・プロジェクトが立ち上げられたり、近年のゴルフ人気を反映しジュニアを対象としたスクールが積極的に実施されています。(2)

　ローティーンのアスリートの活躍は、以前に比べて子どもがスポーツに触れる機会が拡大し、より多くの

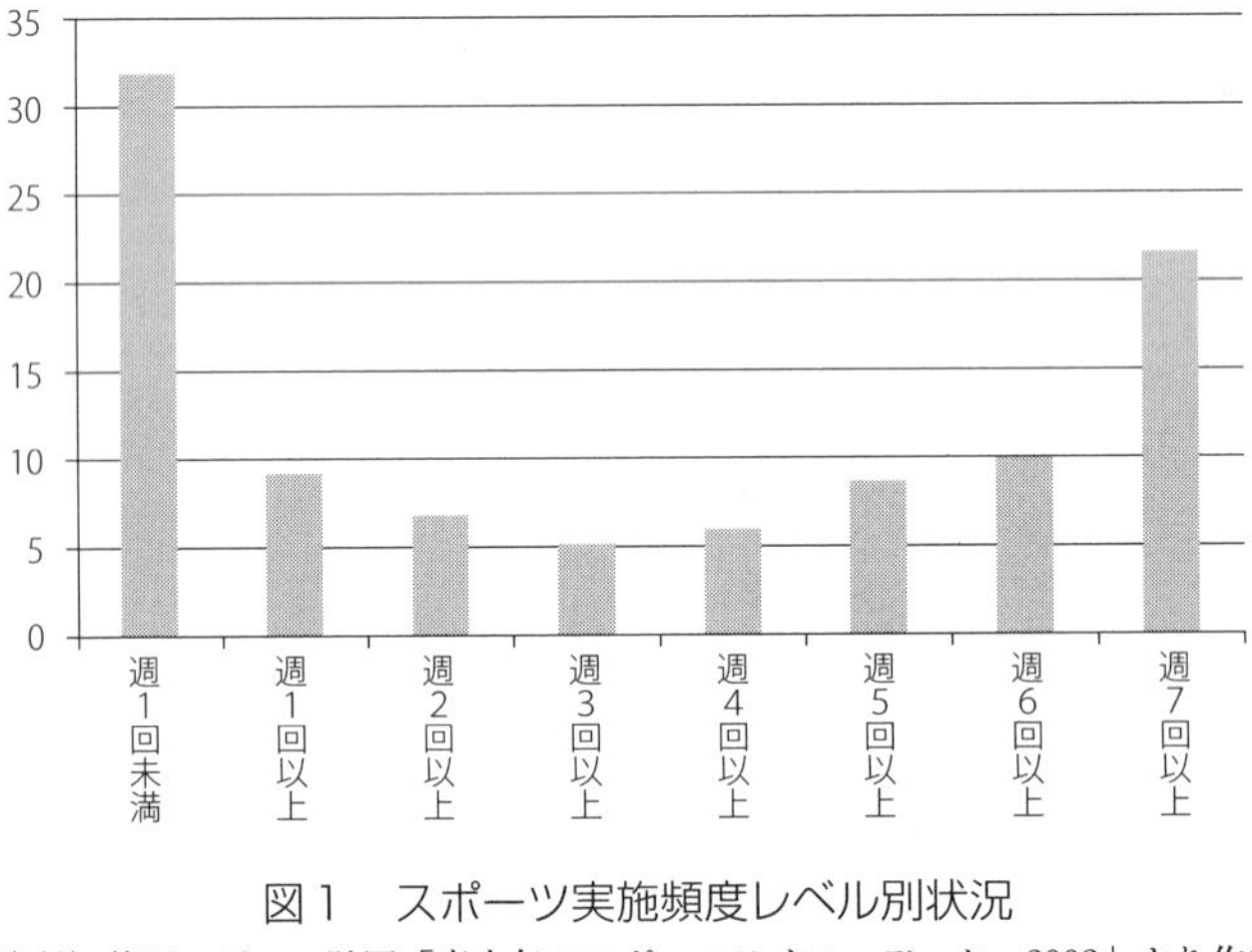

図1　スポーツ実施頻度レベル別状況

資料）笹川スポーツ財団「青少年のスポーツライフ・データ　2002」より作成

子どもがスポーツの楽しさを享受していることの表れの一つであるといえます。また科学的トレーニングの研究が進み、若いアスリートの才能を十分に発揮させることができるような環境が整ってきたということも示しているといえるでしょう。そしてこのような若いアスリートの活躍は、子どもたちや親のスポーツに対する関心を高め、スポーツクラブの盛況に表れているように、子どもがスポーツを始めるきっかけになっています。

しかしながら、今日の日本の子どものスポーツの状況はこうしたポジティブな側面だけではありません。たとえば、笹川スポーツ財団が一〇代を対象に行ったスポーツライフ調査によれば、週五日以上スポーツをしている層が四〇・二％に達する一方で、スポーツ実施が週一回未満というスポーツに対し消

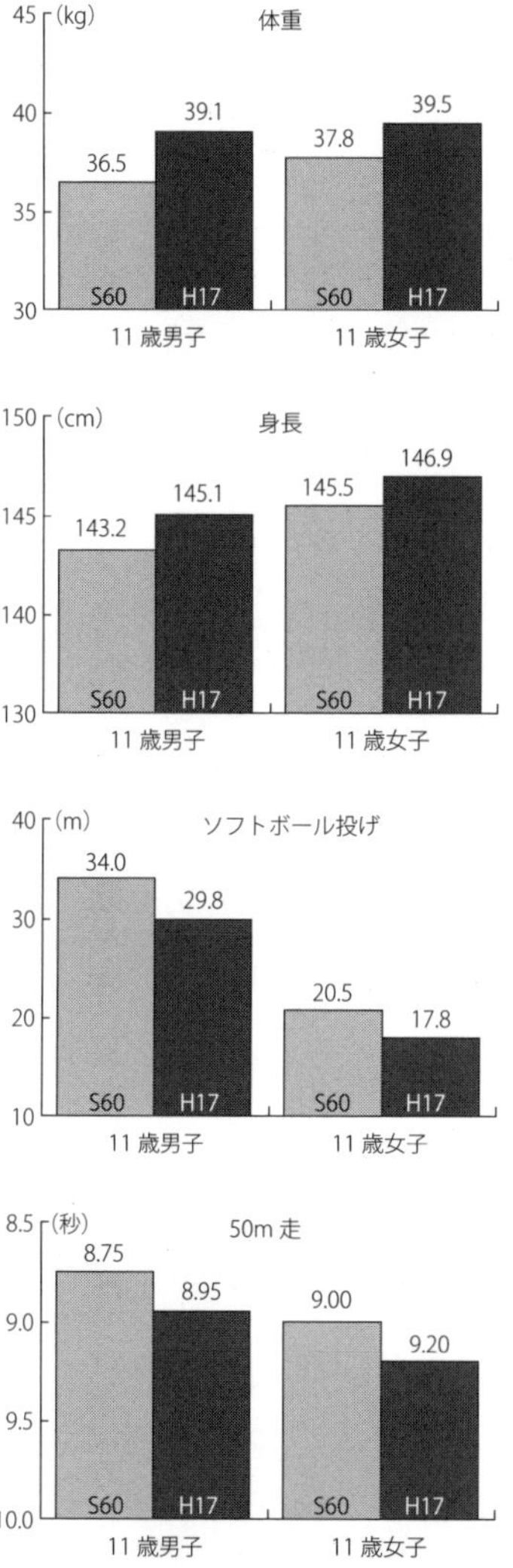

図2　20 年前との基礎的運動能力及び体格の比較（11 歳）

資料）文部科学省「平成 17 年度体力・運動能力調査」より

極的な層の割合が三一・九％となっており、「スポーツを積極的にする子ども」と「スポーツをほとんどしない子ども」に二極化しているという状況にあるといえます。（図１）

ではその「スポーツをほとんどしない子ども」にはどういった影響が現れているのでしょうか。たとえば、文部科学省が毎年行っている「体力・運動能力調査」（図２）では、現代の子どもは身長や体重は二〇年前よりも伸びており、体格の面では優れているという結果が出ています。しかしながら、その一方で、「ソフトボール投げ」や「五〇ｍ走」の記録では二〇年前に比べ劣っており、運動能力に低下傾向がみられます。

（１）子どもが自ら楽しむスポーツとは

先にみたように、現代の子どもの運動能力が低下しているという状況に対して不安を抱く親も少なくありません。そのため、前述のようなテニスクラブやゴルフスクールに加え、近年では「スポーツ塾」や「体育の家庭教師」といったように、「ビジネス」として、子どもの運動・スポーツの場を提供することが増えています。「体育の家庭教師」の派遣は、東京を中心に一九九〇年代になって事業化され始め、全国展開するところもみられるようになってきました。体育大学の学生や卒業生、フィットネスクラブの指導員が個人や少人数で希望の種目を教えるのが主流で、費用は一ヵ月一万五〇〇〇円前後が平均となっています。たとえば都内のある企業では、現在東京と周辺四県の幼稚園児から中学生まで約八五〇〇人の会員を有し、かけっこ、器械運動（マット運動、跳び箱、鉄棒）、基礎体力トレーニングなどを指導しています。週一回、体育の家庭教師から指導を受けている小学一年の男児は、指導を受け始めて三ヵ月でマット運動の前転と鉄棒の前回りができるようになったといい、自身も体育が苦手だったという母親は「鉄棒の前回りができた時は、字が書けた時よりうれしかった」と喜んでいるということです。(3)

こうした体育の家庭教師や民間スポーツクラブは、料金さえ払えば誰でも気軽に身体を動かすことができるという点においては、子どもの運動・スポーツの普及に貢献しているといえるでしょう。しかしながら、「いつでも・どこでも・いつまでも」というスポーツ・フォー・オールの観点からは、子どもたちがスポーツクラブでサービスに対してお金を払うという「消費する」スポーツ活動だけではなく、住民の手による地域に根ざしたスポーツ活動も保障されていることが重要なのではないでしょうか。

森川貞夫さんによれば、地域に根ざしたスポーツ活動は、「スポーツの主人公」、「地域の主人公」にふさわしい主体者としての自治能力を育て、スポーツとその土台である地域生活そのものを豊かにする地域づくりへとつながっていくといいます。(4)その地域スポーツクラブのなかで身につけた能力は、やがて民間スポーツクラブでのスポーツ活動のように「与えられ」、「やらされる」という「他動詞型」のスポーツではなく、「自らやる」という「自動詞型」のスポーツ活動を行っていくのに役立ちます。(5)そして「①スポーツを味わい、楽しむことのできる程度の技術・能力」、「②自らの力で練習計画を立て、技術を習得していく能力」、「③仲間を増やし、クラブを育てる組織・運営能力」、「④スポーツをする条件を広げ、あるいは障害を克服していく能力」(6)といったことをスポーツ実践のなかで身に付けることで「スポーツの主人公」になっていくといいます。こうした地域に根ざしたスポーツ組織で培った組織運営能力・自治能力の努力や経験が、やがては地域へと広がり、「生涯スポーツ」・「みんなのスポーツ」

の担い手として育っていくことに繋がっていくのです。[7]

そしてこのような地域に根ざしたスポーツ活動に子どもたちが参加する際には、国連が一九八九年に採択した「子どもの権利条約[8]」のなかで掲げられている諸権利が保障されていることが大切だと思います。

子どもの権利条約の第一二条の一で「締約国は、自己の見解をまとめる力のある子どもに対して、その子どもに影響を与えるすべての事柄について自由に自己の見解を表明する権利を保障する。その際、子どもの見解が、その年齢および成熟に従い、正当に重視される。」と「子どもの意見表明権」が謳われていますが、子どものスポーツ活動においても、大人の意図や都合だけでその活動が行われるのではなく、参加する子どもたちの意見が反映されなければなりません。しかし、民間スポーツクラブの活動では、用意された練習やプログラムに沿ってスポーツを行うのであり、それを子どもたちの希望で変更することは難しいでしょう。

次に第三一条では「一．締約国は、子どもが、休息しかつ余暇をもつ権利、その年齢にふさわしい遊びおよびレクリエーション的活動を行う権利、ならびに文化的生活および芸術に自由に参加する権利を認める。二．締約国は、子どもが文化的および芸術的生活に十分に参加する権利を尊重しかつ促進し、ならびに、文化的、芸術的、レクリエーション的および余暇的活動のための適当かつ平等な機会の提供を奨励する。」とあり、「子どもの文化権」の重要性が述べられています。増山均さんによれば、本来、子どもの育ちでは「愛護・保護しつつ育成すること（プロテクシオン）」（＝福祉）、「子どもの技術や学力、技能や能力をていねいに引き出し育てる（エデュカシオン）」（＝教育）、「子どもたち一人ひとりがありのままで、その精神を自由にのびやかに輝かせながら、生き生きとした生活を築きあげていく過程をいっしょに楽しんでいくこと（アニマシオン）」（＝文化）の三つの領域が統一されるべきであるといいます。しかし、日本では「福祉」・「教育」・「文化」がそれぞれ分断されているのに加え、「文化」の領域の位置づけが低いことが問題だといいます。むしろ、「文化」の領域は、「人間の成長・発達と人間的生活にとって不可欠なアニマシオンを保障する領域であり、心（魂＝アニマ）を活性化させつつ生活を楽しむことは「人間の基本的権利」と捉えられるべきだといいます。(9)

子どものスポーツにおいては、大人がスポーツを通じて子どもに何かを学ばせたいという「エデュカシオン」の側面が強調されることがしばしばみられます。しかし、遊戯的要素を本質的にもった文化であるスポーツにおいても、子どもが「ワクワク」・「ドキドキ」と魂を活き活きさせる「アニマシオン」の要素が大切にされなければならないのではないでしょうか。

（2）大人が支える子どものスポーツ

実際に子どもたちがスポーツを行うためには、体育館やグラウンドといった「場所」、そしてスポーツを楽しむための「時間」、さらにはそれを共に楽しむ「仲間」が必要です。しかし、今日の子どもたちには、そうしたスポーツをするための条件が以前に比べて圧倒的に欠けている状況にあります。こうした子どもを取り巻く遊びやスポーツの環境の変化は親たちも感じており、それは内閣府の「体力・スポーツに関する世論調査」の結果にも表れています。親たちが自分の子どもの時と比較して、今の子どものスポーツや外遊びの環境はどのようになったと感じるか、という質問に対して「よくなった」と答

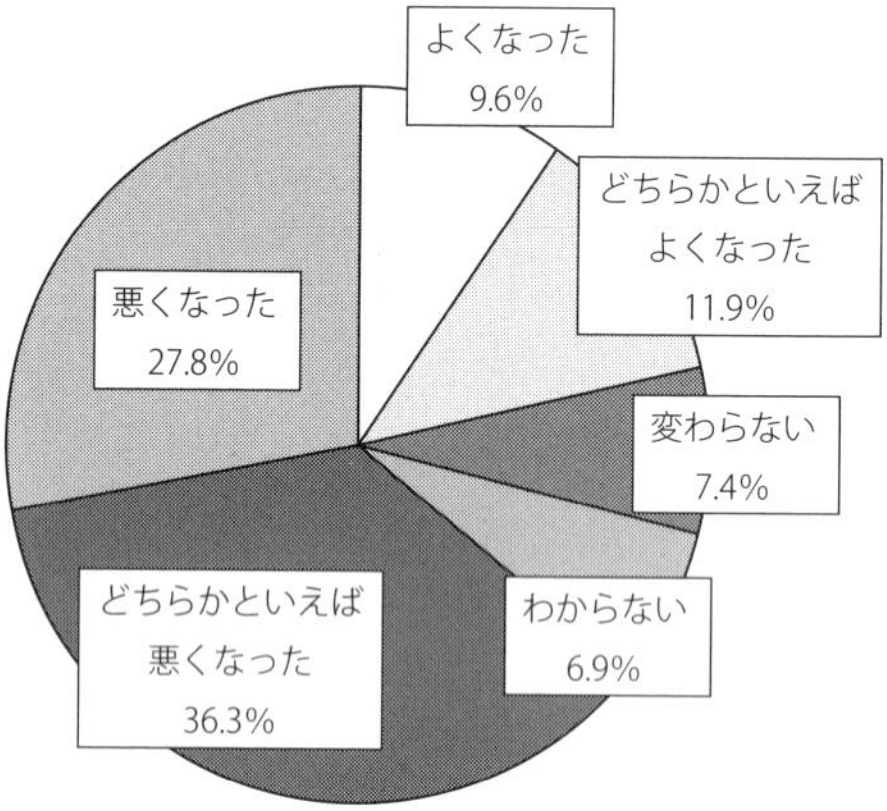

図３　今の子どものスポーツ環境の変化
資料）内閣府「平成15年度　体力・スポーツに関する世論調査」

えた割合が二一・五％（「よくなった」（九・六％）、「どちらかといえばよくなった」（一一・九％））であるのに対し、「悪くなった」と答えた割合が六四・一％（「どちらかといえば悪くなった」（三六・三％）、「悪くなった」（二七・八％））となっています（図3）。

子どもたちがスポーツをするのが困難になっている理由には、先に挙げたスポーツに必要な条件が以下のように変化していったことが考えられます。

第一に、現代では塾やお稽古ごとに通っている子どもが多く、そのため遊びのための時間はあっても細切れであり、スポーツを楽しむだけのまとまった時間を確保することが困難になっています。第二に、一緒にスポーツを楽しむ仲間を見つけることも困難になっています。二〇〇五年の合計特殊出生率が一・二六と報告されたように、年々、少子化が進行しているなかで、そもそも子どもの数が減っているのに加え、先に述べたように子どもたち同士が塾通いなどで多忙なため、お互いのスケジュールを合わせるのが難しくなっていることもスポーツをする仲間を見つけることを難しくしている要因として挙げられます。そして第三に、スポーツをするためには空き地やグラウンドあるいは体育館が必要ですが、日本ではそれらがスポーツ需要を満たすだけ十分確保されていません。そしてもちろんそれらを子どもたち自身が用意することは不可能です。

こうしたことから、今日、子どもが自分たちだけで運動やスポーツを行うのは大変困難であり、むしろ大人の支えが不可欠であるといえるでしょう。

この「子どものスポーツには大人の支えが必要である」ということは、スポーツが公共性をもつ文化であり、それを享受することは国民の権利、つまり「スポーツ権」である、という観点から捉えることができます。

スポーツ社会学者の内海和雄さんによれば、スポーツそれ自体が競争性を内包した文化であるといいます。つまりスポーツには競争する相手が必要だということです。それゆえ、スポーツを享受することは個人では不可能であり、スポーツとは必然的に集団性をもった文化なのです。またスポーツを行うのには土地や建物を必要としますが、そうした施設は自分たちで用意することはほとんど不可能であり、公的な支援無しではスポーツを行うことができません。このように、スポーツが存在するということはそこに集団性、共同性、社会性、そして公共性が存在するのであり、そのような点から、スポーツはその本質として公共性を内包した文化と捉えることができます[10]。

そして公共性を有する文化であるスポーツを享受することは、日本国憲法第二五条の一で「すべて国民は、健康で文化的な最低限度の生活を営む権利を有する。」と明記されているような、より良い豊かな生活を送るために必要な「社会権」の一つとして位置づけることができます。つまり「人はパンのみで生きるに非ず」なのです。スポーツをする権利を社会権の一つとして認め、それを「スポーツ権」と社会的に認めるならば、そのための条件整備が国や自治体によって行われる必要があります。

このようにスポーツをすることを権利として捉えることは一九七八年にユネスコ（国際連合教育科学文化機関、UNESCO）が発表した「体育・スポーツ国際憲章」のなかにも明記されており、国際的にもその重要性が認知されています。本憲章の第一条は「体育・スポーツの実践はすべての人にとって基本的権利である。」と「スポーツ権」を高らかに宣言し、第一条第三項では「学齢前児童を含む若い人々、高齢者、身体障害者に対して、その要求に合致した体育・スポーツのプログラムにより、その人格を全面的に発達させるための特別の機会が利用可能とされなければならない。」と、子どもに特に配慮すべきということが明記されています。さらに第五条で「充分な施設と設備は体育・スポーツに不可欠である」と述べ、続く第五条第二項では「あらゆる段階の政府、公当局、学校および適当な私的機関は、協力し、ともに計画して、体育・スポーツの施設、設備、用具を提供し、最適な条件で利用できるようにする義務がある。」と、スポーツの普及における公的な支援の必要性を指摘しています。

おわりに～「子どものスポーツ権」の確立を～

子どものスポーツには、子どもたちが自ら主体的にスポーツを「ワクワク」・「ドキドキ」しながら楽しむことが最も大切です。そしてそうした子どものスポーツに対しては大人の支援が必要であり、その条件整備が公的に保障されることが求められます。そして日本において、そうした子どものスポーツを普及・発展させていくことを考える際に、スポーツ先進国であるアメリカでの取り組みが参考になります。

アメリカの子どものスポーツ研究者であるレイナー・マーティンス（Rainer Martens）さんが『子ど

ものスポーツのガイドライン』（*GUIDELINES FOR CHILDREN'S SPORTS*）のなかで、「子どもスポーツ憲章」（Bill of Rights for Young Athletes）を提唱しています。

この「子どもスポーツ憲章」は以下に挙げる一〇条で構成されています。

第一条　スポーツに参加する権利
第二条　一人一人の子どもが、その発達のレベルに応じて参加する権利
第三条　成人の有資格者の指導を受ける権利
第四条　成人としてではなく子どもとしてプレイする権利
第五条　スポーツ参加において子どもたちがリーダーシップを取り、意志決定をする権利
第六条　安全で健全な環境のもとで参加する権利
第七条　スポーツの参加のための適切な準備ができる権利
第八条　成功のために努力する上で、平等な機会をもつ権利
第九条　尊厳を持った指導を受ける権利
第一〇条　スポーツを楽しむ権利(11)

「子どもスポーツ憲章」の内容を詳細に検討するのは別の機会にしますが、今日のように、子どもたちが積極的にスポーツに関わっていくことが求められている時代にあり、そして以前よりも多くの子どもがスポーツを楽しむようになってきているからこそ、ユネスコ「体育・スポーツ国際憲章」や国連

「子どもの権利条約」の理念を踏襲しつつ、日本においても「子どものスポーツ権」を確立し、「子どものスポーツ憲章」が制定される必要があるのではないでしょうか。

注

（1）本稿では会費等を支払ってもらうことで会員にスポーツの場と機会を提供し、その会費も含めた売り上げで利益を得ているスポーツクラブを「民間スポーツクラブ」とします。

（2）財団法人社会経済生産性本部『レジャー白書２００４』二〇〇四年、（1）、五三～五九頁

（3）http://www.yomiuri.co.jp/kyoiku/news/20060530ur02.htm

（4）森川貞夫『スポーツ社会学』青木書店、一九八〇年、一〇三頁

（5）同上、一六一頁

（6）森川貞夫編著『生涯スポーツのすすめ―みんなのスポーツ社会学―』共栄出版、一九八四年、四～五頁

（7）森川貞夫「I学校教育とスポーツ部活動」今橋盛勝・林量俶・藤田昌士他編著『スポーツ［部活］』草土文化、一九八七年、四九頁

（8）本稿では日本政府の「児童の権利条約」という呼称ではなく、「子どもの権利条約」と表記します。なお日本語訳については国際教育法研究会の訳を使用します。

（9）増山均・佐藤一子『子どもの文化権と文化的参加』第一書林、一九九五年、三〇～三一頁

（10）内海和雄『スポーツの公共性と主体形成』不昧堂、一九八九年、一三二頁

（11）Martens, Rainer and Vern Seefeldt, *GUIDELINES FOR CHILDREN'S SPORTS*, National Association for Sport and Physical Education, 1979, p.15.

（あべ　だいすけ）

3

「児童館」のはじまりと「地域博物館」の原点を問うために
――『月刊社会教育』に読む豊橋時代の金子功さんの実践

栗山　究

1　地域博物館の原点をたずねて

博物館研究者・伊藤寿朗さんが理論化してきた「地域博物館」という博物館の見方があります[1]。いま伊藤さんが残している図表（伊藤一九八六＝一九九一：二四などに掲載）に従って、地域博物館を表現すれば、それは「地域に生活する人々のさまざまな課題に博物館の機能を通して応えていこうということを目的とするもの」で「人々の生活課題（地域課題）」を土台に「資料と人間との関係の、相互の規定性や媒介性を軸とし、そこに価値を見出すことを中心」とする、「教育内容を地域の生活にもとづいて編成」する博物館観となります。

一九七〇年代、地域博物館を目標とした博物館が「平塚市博物館」であることは、伊藤さん自ら指摘し続けていたことがら〔伊藤一九九一：一二三〕であり、よく知られる内容です。しかし地域博物館は、伊藤さんにとって、その原初的形態とも言い得る一つの経験的なモデルが実在していると考えられます。一九四〇年代後半「焼け野原」という特殊社会状況のなかで、金子功さんが豊橋で展開していた「豊橋向山天文台（大池児童館）」における活動がそれです。(2) 伊藤さんは、地域博物館を理論化させるにあたって、豊橋向山天文台（大池児童館）を「博物館教育活動の先駆的業績を切り開いた地域博物館」〔伊藤一九七八：一五八〕であると位置づけました。

本稿では、豊橋向山天文台（大池児童館）の事例から、一九四〇年代後半のくらしのなかに、子どもと大人が育ちあう社会教育の諸活動がどのように取り組まれ得たのかを考える手がかりを提示していきたいと思います。その初めの手がかりとして、『月刊社会教育』（国土社）誌上から、金子さんが運営していた豊橋向山天文台（大池児童館）で行われていた活動内容を、現在の社会にも参照し得る実践記として積極的に捉え返してみましょう。

※金子功さんは一九一八年五月生まれ。『月刊社会教育』（国土社：一九五七年一二月創刊）誌上に、金子さんの論考は、これまで計八本掲載されています。〔A〕「博物館から新しい社会文化施設へ―豊橋向山天文台の教育実践―」（一九七一年一一月号）、〔B〕「へき地における文化活動―御園天文科学センター」（一九七九年一〇月号）、〔C〕「山村と農村を結んで―御園高原自然学習村の活動」（一九八二年二月号）、〔D〕「近代的私塾をめざして住みよい地域づくり」（一九八四年八月号）、〔E〕「野武士のつぶやき」（一九八五年八月号）、〔F〕「社会教育私史―星とともに四〇年」三号連載（一九八五年九月号―一一月号）。本稿ではここから、主に豊橋向山天文台（大池児童館）時代の活動を記している事項を中心に、金子さんの実践史を再構成してみました。以下、本

文中、たとえば〔A〕表記は「一九七一年一一月号」の記事より、〔F〕表記は「一九八五年九月号―一一月号の記事」より、の引用であることを意味します。また本稿引用文中の「…」文字は、いずれも〔引用者において省略〕を意味します。

2 豊橋時代の金子功さんの実践

(1) 豊橋向山天文台(大池児童館)がめざしていたこと

豊橋向山天文台(大池児童館)が設立された当時は「人々は明日の食糧をあさって買い出しに夢中になり、子どもは焼け跡の水道鉛管を掘り出しては、闇市で一片の芋と換えていたという時代」であったそうです。金子さんも生計を立てるために「鶏小屋を改造した建物の一部を住居に、残りの部分で軍隊での経験を生かして、自動車の修理工場を開業」し始めました。しかし「これからは思うようにものが言える時代がきた」と感じていた金子さんには「常に児童館的な仕事ができるものという夢」がありました。私立学校の教職を退いた二八歳のころ、金子さんは以下のことを考えるなか、ある雑誌記事と出会います。〔F〕

「戦争の終った年に郷里豊橋に引きあげてきた私は、大きな夢を持って町はずれに小さな工場を経営しておりました。一面焼野原の焼跡の一角で、うすよごれた子どもたちが、こづかいかせぎに焼け残った水道の鉛管を掘り出しているのを見たとき、いくら戦争に負けたといっても、子どもたちにこんなことをさせておいて良いものだろうか?…長いこと学校につとめていた私のことですから、なにか教育的な仕事をしてみたいと思っておりました。…こんなときにたまたま手もとにあったアメリカの雑誌に、こんな子どもたちのための施設として、ある町の児童博物館のことが紹介されていました。」〔A〕

それは、第二次世界大戦後、金子さんが米軍と関わる仕事の関係で交流のあった日系二世の将校が、帰国してからしばらく送っていた『ライフ』という雑誌の記事であったといいます。金子さんによれば、そこには「空いている家を借りて下校後の子どものために、工作、音楽、美術などの遊び場にしている」〔F〕、「小さな民家を改造して、子どもたちのために科学や美術、音楽などを遊びのなかで指導できる施設」〔A〕が紹介されていたのです。

当該誌は、これを「CHILDREN'S MUSEUM（児童博物館）」と名づけていたそうですが、記事を見た金子さんは「その頃活発な事業を展開していたおとなの公民館に対して、児童の公民館という意味」〔F〕から「CHILDREN'S HALL（児童館）」と言って、「小さいながらもこんなものが日本にもできたらすばらしかろうと考え」〔A〕はじめました。国が、児童厚生施設として「児童館」という制度をつくったのは、それから後のことでした。[3]「児童福祉法そのものも、不幸な子どものためにという、暗いイメージが強いなかで、児童館は唯一の明るい施設であった」と、金子さんは当時をふり返ります〔F〕。金子さんは考えました。

「いかに自由な教育ができるといっても…学校をつくるということは、私などの手の届くところ

ではない。しかしライフの記事にあったような、空家を利用したような児童館なら私にもできないことはない。」〔F〕

「施設はなくとも仕事はできる」と思い立った金子さんは「親子野球を開いたり、親子揃って遠足をしたり」、「青空児童館とでもいう親子の集り」などの取り組みをはじめました。それらはもちろん「子どものためにという目的」でもありますが、子どもたちから親を引き離す取り組みでもなく、町内で「親を集めて語り合う」という目的もあったといいます。金子さん自身、町の人たちから推薦を受けて、たとえば「単発の講演会」になりがちな各小学校区の「社会教育学級」は、講師と学級生との間を分け隔てるのではなく、「親しみがわき質問なども活発に出るようになる」ような「社会、政治、家庭、科学、芸術の五つの分野」から成る「年間を通しての計画」にして組み立てたり、活動成果の大部分を「上部組織に吸い上げられていたというのが実状であった」という婦人会を「自分たちに役立つ事業を自分たちが企画する」学習団体へ改めたり、「自分たちが町の運営を担当しているのだという気分が、町の人たちの間に生まれ」てくるような議論を進めていったといいます〔F〕。豊橋向山天文台（大池児童館）の活動は、こうした希望から生まれていったものといえるでしょう。

（2）豊橋向山天文台（大池児童館）が取り組んでいたこと

金子さんは、自動車修理のほかに「教師の経験と、天文の知識が身を助けて、いくつかのパテントも取って」おり「学校の理科の教具」も作製する人でした〔F〕。「敗戦直後の混乱した世の中で、個人の力ではなにほどのことができましょう」と問うていた金子さんが、そこで注目したのが「東京から疎開してきた荷物のなか」の「小さな望遠鏡」でした〔A〕。子どもの頃から星が好きであったという金子さんは、「教員になってはじめて手に入れた、小さな天体望遠鏡のレンズ」を組み立て、「近所の子どもに覗かせ」てみせたのです〔F〕。すると、子どもたちは「はじめて見る月の噴火口や、土星の環に躍り上がって喜んだ」といいます〔F〕。「主体を市民においた姿勢にしたい…天文の知識を学ぶというのが目的ではなく…集まった市民との対話の中で『考える力』をつけさせたい」〔D〕と指摘する金子さんの実践は、このように「自慢の工作力を活用して、材料費だけの出費」で完成させた「15センチの反射望遠鏡」から始まりました〔F〕。金子さんは、豊橋向山天文台（大池児童館）が造られていく経緯を、次のようにふり返ります。

「その頃は町の郊外とはいっても、電気も引かれていないような田舎であった。新天文台の用地を求めて…当面のできるところをとなった。…その後あくことなく前進を続けていた私に…近くの材木屋さんが、敷地は無償で提供してくれ…屋根の上には、望遠鏡のためのドームまで備えたものを新築してくれた。」〔F〕

こうして自分たちの手で造った天文観測台は、「ごく普通の家にとって付けたような」〔伊藤 一九六九a〕、あたかも「乏しい財源と貧弱な施設」〔E〕だったそうです。しかし「実用的なことでも地域の相談役になること」、「地域に密着」することが社会教育であり〔A〕、「博物館は…あくまで地域社会の人たちのためにのみその存在の意義がある」〔C〕と、金子さんは指摘します。

自家製のプラネタリウムは、「毎月の話題を決めて話をするのではなく、団体見学の場合は希望するテーマで話し、個人見学の場合は、プラネタリウムのなかでの天文談話室といった感じの楽しいおしゃべり」の場所にしました。また「データの配布、天気解説、産業、レクリエーションなどのための天気相談を引き受け」る気象庁の観測所を設けるほか、施設内には専門書のほか地域関係の資料を集めた図書室を整備して公開するとともに、補助施設である「原理解説的な模型やそのときどきのニュース解説的な展示」は手づくりで設計し、使用する観測器械等を製作するための工作室も備えました。これが「天文を中心とした科学的な施設、今のように青少年センターだとか…児童館などという名前の無かった頃のことですから、そのものズバリ地名をとって『豊橋向山天文台』と名付け」られた施設の概要です〔A〕。

当初の活動は、やがて「晴雨にかかわらず」、「そのうちにおとなまでが『お月様を見せてくれ』『土星の輪を見たい』といっては集まる」という具合に進展したようです。「望遠鏡より話のなかに入りたくて」ということで参加するようになった高齢の方から、話題の中心をつくる常連メンバーである学生や若者たちまで、ここでは「時々コメントをつける」も「もっぱら聞き役」であった金子さんは、「望遠鏡が仲立ちとなって、和気溢れる会に成長していったものである」と、その過程をふり返ります〔F〕。

やがて「会を重ねるうちに、仲間どうしの話だけでは満足できなくなり、立派な先生の話が聞きたいという希望」が現われました。二〇名足らずの仲間は、講師を呼ぼうと提言し、金子さんが交渉人となり、近所の大学の講堂で住民たち一〇〇名近くが集まった講演会も実現されました。当時の大学は「今から思うと開放的」なものだったといいます。学生たちと一緒に興味をもつ授業を、人びとが聞きにいくこともしばしばで、授業のなかには「充分理解できない内容のもの」もありました。「そんな時には夜になると、学生たちが『きょうの話はむずかしかったでしょう』と補講をしてくれる」というつながりも豊橋向山天文台（大池児童館）では、創られていたようです〔F〕。

金子さんは「焼け跡で生活していても、文化に飢えていた人たちの多いことがわかったことは、今後の仕事に自信をつけた事業だった…天文台を中心に活動するようになったのは、こんなことが動機である」〔F〕と、望遠鏡を使って宇宙と社会を、子どもたちが覗いていくことから展開されていった当時をふり返っています。

(3)「児童館」か「博物館」か──豊橋向山天文台（大池児童館）の活動から注目したい点

金子さんは、もし「博物館」を資料と展示室から成り、「物をたくさん集めて」、「座して来観者を待つ」建物と考えるならば、豊橋向山天文台（大池児童館）は「まことに博物館らしからぬ博物館です」と紹介します〔A〕。しかもそれは「広域な活動をしている公民館に近い仕事ともいえるが、これも少しばかり違っている」ともいいます〔D〕。そして金子さんは、豊橋向山天文台（大池児童館）の活動性格を、「施設ができて、なにか仕事をしたいと思って社会教育に入ったのではなく、社会教育の一手段として天文台が発足した」〔A〕というご自身の実践動機とからめて次のようにまとめています。

それは「いいかえると、施設にしばられない博物館…という機関（組織）としての活動をしているわけです。この非施設型博物館活動であるというほかに、私たちはむしろ博物館という名前を使わずに科学に重点をおいた公民館であり、科学図書館になりたい…というよりもむしろこれらのものが総合された形のものが一番活動しやすい姿だと考えているといったほうが正確でしょう。」〔A〕

ここまで読んできて、本稿で注目したい点を整理してみましょう。まずは「市民の学習の場所」〔D〕として、公民館や図書館など他の社会教育施設とも置き換えることができる「博物館」という言葉が、金子さんの実践を表す主題として採用されている点です。それは、一九四〇年代後半の焼け野原という特殊社会状況のなかで、金子さんが直面していた生活の課題に資する有効な実践方策が、児童博物館と称して紹介されていたことに由来するものでした。そしてそれは、子どもの公民館という意味から「児童館」とも置き換え得る内容であったのです。

さらに注目したい点は、金子さんにとって「博物館」はあくまで目的なのではなく、社会教育のための一方法であるという位置づけです。すなわち、豊橋向山天文台（大池児童館）では、子どものためのとりくみが博物館活動として展開したという具合に、それは「なんということなく博物館の仲間入りをしておりました」という類のものでした〔A〕。

豊橋向山天文台（大池児童館）ではまた、学校の先生たちと「宿泊天文教室」を開催していました〔F〕。やがてこの教室は、自動車に望遠鏡を載せ、交通が不便な全国各地の学校の子どもたちへ出張する「走る天文台」へ発展していきました〔A〕。豊橋向山天文台（大池児童館）の諸活動が「田圃（たんぼ）の畦道（あぜみち）や街角」といった「住民のいぶきがわかる、住民のための活動」として、構想され続けていたことは示唆的です〔E〕。「より魅力のある効果的な手段があれば勇敢に取り上げてみ〔A〕ることも社会教育であろうと論じる金子さんの言葉は、「地域博物館」にこめられた本質とは何かが、現在社会に生きる私たちにも問われているのだ、という問題を提起してくるのではないでしょうか。

3　豊橋向山天文台（大池児童館）から何を学ぶか

（1）伊藤寿朗さんの理論化と、豊橋時代以後の金子功さんの実践

伊藤さんが博物館研究を始めたのは、『月刊社会教育』誌上に金子さんの実践が紹介される三年前の一九六八年でした。当時、仲間と立ち上げた「法政大学博物館研究会」というサークルで研究活動を展開していた伊藤さんは、「地域社会」のなかに「博物館」という社会教育施設がどのように入りこんで活動を展開し、人びとの間に結びついているのか否かを、いかに実践していくかという観点から問う過程で、金子さんと出会います〔伊藤一九六九a〕。伊藤さんは、豊橋向山天文台（大池児童館）を「小さいながら、博物館というもののもつ本質的な意味での社会教育活動というものを徹底して実践している館」〔伊藤一九六九a〕であると位置づけ、「博物館における教育（社会教育）の問題等」〔伊藤一九六九b〕を学びに、そこへ幾度と通いはじめることとなりました。

伊藤さんはこの経験から、そのころ「博物館の内在的機能」として整理されてくる「博物館を見るとき、収集活動はどのように組織的に、また体系的に行なわれているか、保存運動は、研究活動は、教育普及活動はどうか、また展示にはストーリーが有るか否か、ラベルは読み易いかどうかといった関点か

ら見てきた」〔伊藤一九六九ａ〕博物館観を「われわれのあまりに合理的精神からする博物館の見方」〔伊藤一九六九ａ〕であるとして反省するとともに、「こうした関点からする追求」〔伊藤一九六九ａ〕だけではない「博物館における社会教育活動の問題、あるいは博物館相互協力の問題など…この豊橋向山天文台の試行錯誤しながらも行なってきたその歴史的なまとめというものの必要性を痛切なまでに感じる」〔伊藤一九六九ａ〕と指摘し、その後の自らの研究の方法論的スタンスを形成していく際の、一つの主要な契機として、この問題を引き受けていきます。この問題を伊藤さんはいかに引き受けたのかは、後の機会に譲らせていただき、ともに考えていきたいと思いますが、豊橋向山天文台（大池児童館）での経験は、後に伊藤さんが「地域博物館」を理論化していく過程で、大きな意味づけを果たすことになったのです。

他方で、金子さんは、多くの人びとが都市に移動してきた一九六〇年代当時の社会状況において、実践の過程で各地の村々の現実を見てきたご自身の経験から「文化施設も充実」してきている都市にはない社会教育の問題を考えるようになりました。すなわち「日本の国土の大半を占める山村に住んでいる人たち」との実践を求めて、豊橋向山天文台（大池児童館）の諸活動を離れ、山村での仕事に取り組むようになるのです。「作手村こどもキャンピングパーク」構想や、先にふれた平塚市博物館の学芸員であった浜口哲一さんもご自身の実践の一つの背景〔浜口二〇〇〇：五四〕に位置づけていた「御園高原自然学習村（御園天文科学センター）」の活動など、山村地域での実践が展開されはじめるのです〔F〕。

（2）一九四〇年代後半の児童館を考え返す手がかり――その実践的に積極的な側面

本稿では、一九四〇年代後半の特殊社会状況のなかで展開されはじめた豊橋向山天文台（大池児童館）を運営していた金子さんが希求した取り組みを読んできました。そこからは、現在の社会に生きる私たちがそれぞれの活動を考察していくうえでも参照可能な課題が、いくつか確かめられるのではないでしょうか。たとえば、

・活動のなかから、子どもから大人まで多くの人びとがつながりをもち、いわゆる地域の生活に即して学びあえる環境を、自分たちの手で育てていたこと。

・図書室、研究設備等の整備やその一般開放、出張事業など、いわゆるまちのなかに、学びの場所・集いの場所を積極的に創り出そうとしていたこと。

などでしょう。またこれらが、金子さんご自身の、実際の苦悩と苦闘の経験内容をもとに説かれていることは見逃せません。

そして、金子さんとの出会いを一契機に、後に伊藤さんが「地域博物館」を理論化していく過程をふまえるかぎり、それは「博物館の内在的機能」を一つのフィルターにしてだけみる博物館観を再考する視点を問題提起します。たとえば子どもの育ちにかかわる社会教育では、その営みが、各時代のくらしの身の回りにどのように取り組まれ得たのかを、具体的な実践を通して、歴史的・社会的に考え返していく作業にも接続する問いではないでしょうか。もちろん、金子さんが書き記している文章や活動で蓄積された資料は多岐にわたります。本稿では、豊橋時代の他の一次資料にはふれられていませんし、新聞記事などで金子さんを紹介する諸々の資料もあります。できることならば地域における大人や子ども

の学びと育ちについて専門的・多角的な視点から追究されている皆さんとも一緒に、歴史に埋もれてしまいつつあるこの活動を掘り起こし、当時における諸実践の限界性なども十分考慮しながら、厳しくも豊かな展開像を明らかにしていく作業を進展させていくことができたら素晴らしいなと思います。そんな機会がありましたら、ぜひ一緒に探訪しにいきましょう。

参考引用文献
浜口哲一『放課後博物館へようこそ―地域と市民を結ぶ博物館』地人書館、二〇〇〇年
伊藤寿朗「東三河博物館施設見学会 はじめに」「豊橋向山天文台―豊橋向山天文台を見学して」法政大学博物館研究会編『博物館研究会会報』第八号、一九六九年a
――「博物館からのたより［5］三月一六日〜三月三一日」法政大学博物館研究会編『博物館研究会会報』第一一号、一九六九年b
――「日本博物館発達史」伊藤寿朗・森田恒之編『博物館概論』学苑社、一九七八年
――「地域博物館論―現代博物館の課題と展望」長浜功編『現代社会教育の課題と展望』明石書店、一九八六年
――『ひらけ、博物館』岩波ブックレットNo.118、岩波書店、一九九一年

注

（1）伊藤寿朗さんは一九四七年一月生まれ、法政大学社会学部卒業。一九八九年四月に東京学芸大学教育学部に就職して間もなくの一九九一年三月に四四歳で亡くなられました（二〇〇八年現時点で存命であれば還暦を過ぎたばかりの年齢です）。地域博物館の正確名称は「地域志向型博物館」と呼ぶものですが、本稿ではその通称である「地域博物館」で表記していきたいと思います。なお近年では、君塚仁彦さんが『公民館・コミュニティ施設ハンドブック』（日本公民館学会編、エイデル研究所、二〇〇六年、二九二頁）等において、「地域博物館」という用語がさまざまな論者によって使用されることで「一人歩き」されている旨を、批判

していますまたこのことに関連して、犬塚康博さんは「【書評】伊藤寿朗『ひらけ、博物館』」（『千葉大学人文社会科学研究』第一六号、二〇〇八年、三〇一頁）において、「地域博物館」という用語に「なぜ『混乱』が起きるのか、『混乱』とは何かを問い、明らかにすることが、博物館研究には必要だった」と説いています。本稿では、これらで提起されている諸問題には直截にはふれられませんが、それら問題提起は捨象する性質のものではなく、むしろ念頭にふまえたかたちで、論を引き受けていくべき課題であると考えます。

（2）倉内史郎・伊藤寿朗・小川剛・森田恒之編『日本博物館沿革要覧』（野間教育研究所別冊、講談社、一九八一年）によれば、「豊橋向山天文台」は一九四九年一一月に設立した「博物館」の一つとされており、当時の名称は「私立金鈴観象台」であり、後の通称は「豊橋大池児童館」と呼ばれました。本稿では「豊橋向山天文台（大池児童館）」という表現に統一しました。

（3）「児童福祉法」の制定は一九四七年一二月のことでした。なお一九四〇年代後半当時、日本において「博物館」を規定する法律は「教育基本法」（一九四七年三月制定、二〇〇六年一二月全部改訂）と「社会教育法」（一九四九年六月制定）で、「博物館法」（一九五一年一二月制定）は存在しておりません。

（くりやま　きわむ）

4

子育て支援と子育ち支援の出会う場所

西川　正

1　「保育所の託児所化」

「なぜ○○がなくなったの？　お兄ちゃんの時にはできていたのに」

これは、私の娘が通う保育所の古手の保護者の間でよく言われる言葉です。○○のなかには、さまざまな言葉が入ります。たとえば、夏祭りの花火や焼きそば、どろんこ遊びなど外遊びの量、散歩の回数、お泊まり保育、チャンバラ遊び……この一〇年、私のまちの保育所では少しでもケガなどのリスクをともなう遊びや行事については、極力避ける傾向が強くなってきています。その都度、保育所と保護者との間で問題になってきました。古い保護者はこれを「保育の味が薄くなってきたねえ」と表現します。

私の経験でも上の娘が入った八年前と今とでは、洗濯物の汚れ方が格段に違います。今、九歳の娘の保育園時代は、毎日のようにどろどろのパンツが洗濯袋にはいっていたものでした。初夏の日差しのなか、泥水で遊びほうける子どもたちの姿がありました。しかし、今、下の三歳の娘の洗濯物はぜんぜん汚れてはいません。もはや「茶色のパンツ」がなつかしい。ベテラン保育者さんからは、「最近は〈遊びこむ〉ことができなくなった」となげく声もしばしば聞かれます。

あらためて、遊びとは何かを考えてみると、それは「リスク」と不可分な領域があるのではないかと思います。たとえば、「イスから飛び降りる」ことが子どもにとって遊びになるのは、どういう時でしょうか。イスの高さが低すぎればつまらない。高すぎれば跳べない。つまり、ケガをするかもしれないという高さ、そのリスクをしょってはじめて、それが遊びになるのではないでしょうか。飛ぶことに対するドキドキ感が遊びの本質だとすれば、失敗のリスクがなければそれは遊びとはいえません。ゆえに、自らリスクを負うことがゆるされない空間は、遊びを本業とする子どもたちにとっては退屈な場所となります。

私はこうした傾向を「保育所の託児所化」と呼んでいます。「託児」とは、子どもたちが安全に、その時間を過ごすこと。事業者（保育所側）にとっては安全に「お預かり」すること。別な言い方をすれば、きちんと「管理」をすること。親は安全に預かってもらうために、毎朝、子どもたちを保育所に連れて行きます。これに対して「保育」とは、子どもたちがさまざまな失敗やトラブルを起こしながら、それを糧として、その時々を大事に生きていくことができるようにサポートすることです。

両者のもっとも大きな違いは、「コトがおこる」ことをどう捉えるか、にあります。少々乱暴な言い方ですが、保育はコトがおこってなんぼの世界、託児はコトがおこらなくてなんぼの世界。現場の保育者たちは、保育と託児の境目をいったりきたりしながら、日々子どもたちとつきあっているともいえます。この「コトがおこる」（本書のテーマである「子育ち」と重なると私は考えています）を保障することが、急激に難しくなってきたのが、我が町の公立保育所のこの一〇年の大きな変化ではないかと考えています。託児がだめだといってるのではありません。大人の都合もあります。短時間なら託児もわからないではありません。しかし、毎日のこととなると、どうなのでしょうか。

では、この保育の託児化＝薄味保育がひろがっている背景にはなにがあるのでしょうか。

私は保育や子育て支援の専門家ではありません。NPOの支援などを仕事としつつ、地元で娘の保育所の保護者会の活動を続けてきました。そのなかで、お役所仕事（それをささえる住民の当事者意識の欠如）と、サービス産業化が、保育の託児化をすすめてきたのではないか、と考えるようになりました。本稿では、保育所を切り口に、公共（施設）のマネジメント、コミュニケーションという視点から、「託児化」の背景について考察し、どうすれば保育／遊びをつくりだしていけるのか、（本書の用語では、「子育ち」のできる場の創造となりましょうか）についていくつかの提案をこころみたいと思います。

2

「あちら」と「こちら」の壁

「どろんこは、このパンツだけにしてください、って言われたこともあるんです」

「親がこわくて子どもたちにケンカさせられないのよ」……小さなケガでさわぎたて、保育者につめよる親、いきなり市役所に電話して「告発」してしまう親……全体としてはごく少数ですが、一〇年まえぐらいからじわじわと確実に増えてきています。加えて、この手の親の声を利用する（呼応する）形で、本庁からの指示どおりに仕事をするように、という指導が強まっています。

　この一〇年、待機児解消の名目で、保育所に定員の一二五%までは詰め込んでもよいという政府の方針にもとづき、一クラスの子どもの数がどんどん増えています。また若い世代の親たちには、そもそも「先生」と呼ばれる人に対して信用しないという傾向や、「私たちは消費者、あなたがたは仕事でしょう」という考え方もしばしばみられるようになってきました。これらのいくつかの要素がからんだ結果、保育者たちの動きは年々「萎縮する」傾向にあります。子どもたちそれぞれが自由に遊ぶ時間よりも、なにかプログラムを用意して「やらせる」時間、いっせいに子どもを動かす時間が増えてきました。「『問題』がおこる→親の誰かがねじこむ→上司・本庁からの指示が入る→次からはやらせない」というような流れで、多少なりともリスクを負うような遊びはやらないという方向で保育の内容が変わってきました。「どんなに遊びこんで熱中していても、スケジュールで切らざるをえない」と心ある保育者はなげいています。

　一方で、そういう変化に対し、私のような親などからは「お姉ちゃんのときは○○ができたのになぜやめたのか?」と不満。たいていの場合、なんの相談もなしに、決まったあとに報告されたり、説明、説得されたり、あるいは、いつの間にかなくなっていたりします。積極的に保育所にかかわってきた親(「子育ち」に関心をもつ親)ほど、「なぜ?」「先生はどこにいこうとしているの?」と疑問をもち、「私もひとりの親。なのになぜ私の意見はとりいれられないのか」と一方的な決定にみえて、納得がいきません。こうして保護者の誰もが常にクレーマーにみえてしまうと、いよいよ保育者は本音を言わなく(言えなく)なり……。本音(つまりどう感じているか、どうしたいと思っているのか)が聞こえなくなると、親たちはよけいに不安になる。根底に信頼感がないので、「どうせ、先生たちは、私の意見など聞きたいとは思っていないだろう」と何かあるとおもってしまいます。一方、保育者もまた「どうせ親たちの意見はばらばら、聞いてもまとまらない」とあきらめ、さらに閉じていく。さらに管理者は「何かあったら私の責任になるのですよ」と現場を「おどす」。こうして、「あちら」と「こちら」の壁は日々高く成長していきます。高い壁の陰で、不利益をこうむるのは、子どもたち。「親から何をいわれるかわからない、コワイ」と保育者は、子どもがリスクをとる（遊び）ことを許容することができません。こうして薄味の保育＝託児化はしずかに進行していきます。

3 「公共施設」の病

こうした対立の構造は行政立の施設にはおうおうにしてあります。

「公共施設」といっても、公民館・図書館・文化ホール・福祉施設などさまざまありますが、私はこれまで保育所に限らず、施設職員とのやりとりを通して、「こちらの意見は聞いてもらえない」「いつの間にか決められていた」そんな思いを数多く経験してきました。この「どうせ〇〇だろう」「勝手に、決められてしまう」という感覚を一番強くもっているのは、公共施設の職員、とくに行政が直営している公立施設や外郭団体が運営している施設ほどその傾向は強いのではないでしょうか。

その背景には、住民は、「法律で決まっているのだからやるべきだ」といい、行政は表面上はうなづきつつも、実質の意思決定は、役所内部の一部の人々の都合で行う。多様な住民の意見のうち、自分に都合がいいものを採用し、部下にやらせるという構図があると思います。

さまざまな問題点を含んでいるにもかかわらず、多くの人々が民営化や民間委託を強く支持してしまう理由は、自治体がいうような財政の問題はたしかに大きな要因ですが、それとは別に、この「勝手に決められている」という感覚を職員も住民も強くもっていることにあるのではないでしょうか。

人は、自分が決定に関与した、という実感（納得）があれば「自分が責任をとろう」「その結果をうけとめよう」と思えます。しかし、意思決定に参加した実感がなければ「私のせいではない」となります。そこでは責任は「とるもの」ではなく「とらされるもの」。「とらされる責任」のなかで生まれてくるのは「ことなかれ主義」と「禁止」です。つまり職員にとって、なるべくなにもしない・リスクをとらないのが仕事、となります。自治体（や、その外郭団体）が運営する施設の多くでは、職員にとって、仕事の大半は自分の内側からわき出る気持ちなどではなく、常に「外からふってくる」ものとなります。住民に対しては結論ありきの「説得」となり、「あなただけではないのよ住民は」というセリフで、一つひとつの意見を一括して「苦情」として処理していくことになります。

つまり、現場の職員は、上司と住民、いずれにしても、ふたつの立場の双方から仕事を「やらされ」ていると感じています。あるいは、やりたくないがやらざるをえなくなるので、結果、住民に対して「やってあげている」という気持ちをもちやすい。

住民はそれを「お役所仕事」としてとらえ、不信感をもち、さらに「やらせよう」とします。「役所が勝手に決めるなら、決めた役所が責任とってよ。少なくとも、私のせいではないでしょう」と。

こうした悪循環の結果、「あらゆるリスクはとらない」という「つまらない公共施設」が大量生産されてきたのではないでしょうか。

4　プレーパークからのメッセージ

　ではどうすればいいのでしょうか。私は、これからの「子育ち」、「子育て」の場づくりを考える上で、非常に示唆に富んだ活動を展開しているのが、「冒険遊び場（プレーパーク）づくり」だと考えています。

　「誰にでもひらかれているがゆえに、あまり誰にも愛されない場所」の象徴が公園です。よく公園には「○○してはいけません」と書かれている看板があります。そしてありきたりの遊具と。

　これにたいしてプレーパークには、月、火、水、木、土、日があります（お金はない?!が、いろいろな道具（金具）がたくさんある）。食べ物や廃材、ロープなど「普通、公園にあってはいけないもの」があります。ときには闇もあります。各地のプレーパークを訪ねると子どもたちの実にいきいきとした笑顔と、どろどろの服や手足を見ることができます。ここにも看板があり、「自分の責任で自由に遊ぶ」と書かれていることが多い。この場合の責任は、直接的には、ケガを含めてそこで起こった出来事を、自分がひきうけるということです。

　プレーパークは、子どもたちが自分で決めて、自分でやってみる自由を保障しようとする試みです。そこには、誰かのせいにすることをやめ、かわりに、共同で責任をもとうと広く市民に呼びかけ、話し合い、実践する運営者たち（市民）がいます。遊具の点検や、救急の対応、地域との関係づくりなど、手弁当の市民が運営のために知恵と労力を集めて運営しています。

　このプレーパークには近所の住民からさまざまな「苦情」がよせられます。プレーパークのスタッフや運営ボランティアさんたちは、その声を単に苦情とせず、しっかりと耳をかたむけ関係をつくります。

互いの都合をつきあわせる努力をします。その地道なコミュニケーションの積み重ねがあって、はじめて成り立つのがプレーパークだからです。特定の「誰かのせい」にすると、その瞬間、閉じてしまうという事実に正面から向き合うことで、自らその場の責任を負うと決意することによって、生まれてきた空間といえます。

自分の責任で、かつみんなの責任で場をつくることが、自由につながることを、プレーパークは教えてくれます。本来遊びは、誰かが誰かに提供するという類のものではない、居合わせた人が、工夫をしてともにつくるものだと。

だから常に問題をなげかけ、ともに考えてほしいとよびかける。

大人たちが「とらされる責任」におびえるとき、そこに遊び（リスクをとる気持ち）の火は消える。ここにあるのは、「やらす」「やらされる」ではなく、「私はこうしたい。」「だからあなたも一緒に考えてくれないか」というよびかけです。

5　ともに揺れること

では、たとえば保育所で、リスク／遊びを許容するにはどうすればいいのでしょうか。私は、その答えは、現場での職員、保護者（利用者）が話しあって、ものごとをすすめていく以外にはないと考えています。そのために現場に大幅に権限を委譲し、かつ、運営に利用者の参加を促し、保護者自身が問題の当事者になることを促していくほかないと思います。子育ての本来の当事者は親自身なのですから、問題を保護者にもどす、ともいえます。

遊びのなかにはリスクがふくまれます。結局、リスクについて語ることは、保育の内容について語ることと同じ、ということになります。つまり、子どもたちが保育所でどんな時間を過ごしてほしいのか、保育者と保護者、保護者と保護者、保育者と保育者が、対話のなかでそのときそのとき揺れながら決断をともにしていくことができるかどうか、なのです。

ケガをしないで育つ子はいません。ケンカを避けて通れば、言いたいことも言えず、他者の言葉に耳を傾けることを恐れる子ができるのではないでしょうか。ぶつかりながらでしか、人との関係のつくりかたは学べません。確かに何をだいじにしたいのか、どこまでのケガが許容できるのかは、保護者も保育者も一人ひとり違います。だからこそ、それが正しいかどうか、ということではなく、こうしたい、という呼びかけを基本にした対話が重要になります。

保育者は、毎日、「保育」と「託児」の間で揺れる。その「揺れ」を保育者と保護者がどれほど共有できているか、それが子どもの生活環境すなわち保育の質を決めていくと思います。大人のコミュニケーションがやせ細り、互いに信頼できなくなったとき、揺れは消え、遊びはなくなります。「やらせる、やらされる」という関係にならないように、双方から「〜したい、協力してほしい」と呼びかける、「私はこう思う、あなたはどうだろうか」という「よびかけ＋聞く＝対話型」のコミュニケーションを重ねていくことが、少しおおげさにいえば、子どもの自由を確保することになるのではないでしょうか。

6 「子育て」支援と「子育ち」のクロスする場所

以上の視点をふまえ、最後に、近年、子育てをめぐる社会の大きな動き、すなわち、（1）「子育て支援施策」の展開と、（2）現場の運営主体の外部化（民間委託や民営化などの動き）、について少し考えてみます。この二つの動きが、これまでみたような不毛な対立を解き、「子育ち」を保障する動きになっていっているでしょうか。以下、ひとつずつふりかえってみたいと思います。

（1）「サービス」の先に何をめざすか？

いまやどこの選挙でも、子育て支援が、公約やマニフェストにあがるようになり、さまざまな支援のためのサービスが提供されはじめています（まだ圧倒的に不足していますが）。しかし、私はこの動きが、単純に親に対する種種の「サービス」の提供、すなわち「ケアのかたがわり」としてしか捉えられていないことに対して、強い疑問を感じています。

以前、公園で小さな子を遊ばせているお母さんが、私の娘に砂をかけてしまいました。まあそんなこともあるだろうと笑っていたら、砂をかけた子のお母さんに「すみません、すみません！」と大げさにあやまられて、とても驚きました。これは裏をかえせば、自分の娘がそうしてしまったら、同じ事をしなくてはいけないということです。そう思うと、この時代の子育てのしんどさをあらためてしみじみ実感しました。私は、現代の子育て支援の諸施策は、ほうっておくと孤立する子育てをどう解消するかという視点から展開するべきだと考えています。

もし、このお母さんと私が知り合いだったらどうだったでしょうか。ここまであわてる必要もなかったのではと思います。たとえば、保育所で一歳児のかみつきは日常茶飯事ですが、親たちは自分の子が誰かにかみついたとき、その相手の親を知らない場合、極度に緊張します。これはかまれた側でも同じ。顔の見えない相手とのトラブルほどコワイことはありません。しかし相手がよく知っている親だったりすると、「ごめんね」「お互いさま」ですみます。そうではないと、すぐに加害者、被害者の関係となってしまいます。

私は、子育て支援は、親が他の親や地域の人々とともに子育てをしているという実感がもてるようにする、ということがめざされるべきだと考えています。小学生や思春期になっても、つきあっていける友人が地域にいるかどうか、預け合ってささえあえる関係が地域に生まれていくのかどうか、そこを目標に、「サービス」をどう展開すればいいのか、を考えていく必要があると思っています。

人柄が見えないと、人はゆるしあうことができません。つまり大人（保護者同士、保護者と保育者）同士が人柄を知り合う関係であること、コミュニティが成立していなければ、子どもたちに、小さなケンカすら保障できないということになります。ともに子育てしているという実感の上に、はじめてリスクを許容する空気、子どもが思い切り遊べる／気持ちを解放できる場が成立するのだと思います。いわゆる「子育て」支援と、「子育ち」の場の創造はここでクロスします。「子育ち」の視点を保障するには、どうすれば親や地域住民のコミュニティ・共同性をつくりだすことができるか、を考えていく必要がある。いわゆる「子育て支援サービス」をするなといっているのではない、サービスを「きっかけ・手段」として、親と親、人と人、をつなぐということができないかと考えています。

この一〇年の、急速なサービス産業化の流れは、個々の保護者をさらに孤立させることを助長させていないでしょうか。本来、ケアは、提供者と利用者の共同の営為で成立するものですが、サービスは個別性を排除し、規格化することで成立します。契約をむすび、どちらかのせい（責任）かをはっきりさせていく関係が、社会のなかに急速に広がってきています。言いかえると、「あなたでなくてもいい」「あなただけが利用者ではない」というメッセージになってはいないでしょうか。

営利企業の福祉分野への参入は、一般に「営利主義」が警戒されていますが、マニュアルと契約によるサービス展開がもたらす、保護者の消費者化、お客様化（匿名化）のほうが、子育ちの視点からみると、より根の深い問題なのではないでしょうか。「お客様扱い」する発想からは、子育ちの支援（一人ひとりの子どもの人としての尊厳を重視する）という発想は決してうまれません。そこから生まれるのは、「プロダクツ」としての子どもではないでしょうか。ケアは、本来「させていただく」ものでも「してあげる」ものでもないはずです。

（2）自治の拠点としての子育ての場を

最後に、民間委託・民営化の問題をどのように考えるべきか公共の問い直しという視点から問題を提起したいと思います。

いま積極的に「子育ち」を保障しようとする実践は、一部のポリシーあふれる私立の保育園や、無認可・共同保育所などをのぞいて、瀕死の状態です。

保育所は、共同保育から出発して、公立をめざす運動として広がってきました。公的な保障をするということと行政が直営をするということは、イコールでした。制度政策の運動のゴールともいえたのです。しかし、「子育ち」の保障という視点からみたとき、公立という運営方法には「役所仕事」という大きな落とし穴があったのではないか、と私は考えています。

３節でみたとおり、「とらされる責任」しか感じていない組織は結局のところ、だれも当事者がいない組織、つまり無責任な組織体ということになります。システムとしての責任は、問われても、個人としては問われにくい。ゆえにリスクをとって行動をおこすこと、あるいは部下や利用者の望むリスクを、許容することができません。その典型が官僚組織です。

我がまちの公立保育所の場合、制度やシステムがととのっていくにつれ、職員間のコミュニケーションや、保護者とのコミュニケーションが薄くなっていきました。保護者は、保育所を運営する当事者（責任の主体）であることを求められることはなく、加えて、サービス産業化のなかでひたすら消費者・利用者としてのみ扱われるようになり、その結果は、薄味の保育となって、子どもたちにそのつけがまわっています。

現在行われている民間委託や民営化の議論は、とかく財政問題（お金をかけるかどうか）として語られることが多いですが、官か民かをいう前に、これまでの公立保育所の運営のあり方、公共とはなにかということ、をまず問うことが必要なのではないかと私は考えています。

そこであえて、公立保育所がかかえる問題点を指摘しておくと、

＊運営側

・権限が現場にほとんどない。

・保育にこだわりをもった人よりも、本庁からみて都合のよい人を管理職にあてる傾向がある。
・結果、現場の立場を伝える声が、本庁内ではなく、また公にもされない。
・管理職が、「解決すべき問題が何か」よりも、とにかくリスクを負う運営をさける方向にはしりがち。
・職員のなかで保育所独自の目的意識（どのような価値を創造するのか）が共有されにくい。
・チームとして機能しにくいため、個人の能力に依存してしまう。（保護者からみると）「あたり」「はずれ」になってしまう。
・異動があり保護者や地域との関係も深まりにくい。

＊保護者側
・役所には何を言ってもいいという、住民・保護者の意識が生まれやすい。
・役所は勝手に決めると最初から不信感をもっている場合もある。

「何かおこったとき私は責任をとらされる」と考えている人が運営をしており、「何かあったら一言いってやろう」とふだんから構えている親がいる。おもしろい場所になるはずがありません。では、民間委託すれば問題が解決するでしょうか。民間事業者であっても、本社が遠くにあり、保育所は、託児サービスの提供を仕事と考えている事業者であれば、同じことがおこるはずです。現にそうとうすすんでいると思います。

一方的に「保護者のために」というのではなく、保護者とともに揺れてくれる、悩んでくれる事業者であれば、運営主体が官でも民でもそれは二次的なことなのです。

これを、自治という視点からみると、子どもの施設にかぎらず、公共施設はみな同じ問題をはらんでいます。本来、「自治」の主体は、行政ではありません。住民です。行政は住民が自治をするための専門の事務局でしかありません。しかし、行政の責任で法的に定められたサービスを実施することが公共であると考えてきたために、誰もが自らを問題の当事者として我がまちのありようについて考えなくなってしまったのではないでしょうか。

本来、住民に問題をかえす、住民を問題の当事者にするのが公共施設の使命だと私は考えます。子どもの育ちについて考えること、我が保育所で、我がまちで、どんな環境を子どもたちに用意していきたいのか、これを考えるのは運営者や職員だけではなく、本来は、保護者をはじめ住民自身のはずです。まず保護者・住民自身に、この施設をどうしたいか聞くことからはじめてはどうでしょうか。コミュニティは買うわけにもいかなければ、役所・事業者が提供するものでもありません。本来の当事者に問題をかえす仕事を誰かがやらなくては、本当の問題解決にはなりません。必要なのは、住民自身が問題解決をするためのサポートなのです。

なるほど保護者・住民には多様な人々がいて、話し合うといってもそう簡単ではありません。聞けば、もめるに決まっています。しかし、もめたことの結果、たとえ自分の意見がとおらずとも、そのプロセスに納得が得られる経験ができれば、もめることは怖くはなくなります。実は、「自分が意見をいい、他者の意見を聞くことができるという安心感」こそが、自分にとって、その場所がだいじな場所であるということではないでしょうか。あまりにもこうしたコミュニケーションがなさすぎるというのが現状です。ともに考えてほしい、という呼びかけが必要です。

もちろん、こうした「住民が主体になる」ということをサポートするには、そうとうのスキルや経験を必要とします。しかし、それだからこそ、仕事として有給でそのためのスタッフを雇う必要があるのだと私は考えます。保育者をはじめ、子どもにかかわる仕事の専門性はこの点で問い直されなければならないのではないでしょうか。この点で、前述のプレーパークや、いま全国にひろがりつつある市民運営型の「つどいの広場」には、学ぶべきことがたくさんあると思います。

7 おわりに

ある無認可の保育所の所長をしている友人が私にこんなことを言ってくれました。

「私たちは認可保育所とちがって、なにかの制度を基盤にこの場所をつくっているわけではない。人と人の関係の上に成り立っている。人は、人によってしか救われない。結局いま、目の前にいる人とどうつきあうか、それだけなんだよ」。

大人たちが、保護者・保育者・住民ではなく、一人ひとりの人として知り合い、コミュニティを形成し、そして異なる意見を認め、それを重ねることで、互いに責任を担う、そんな「参加型の意志決定による公共性」を獲得するとき、子どもたちにとっての「ぼくの／わたしのだいじな場所」が生まれるのではないでしょうか。

参考文献

協働→参加のまちづくり市民研究会編『私のだいじな場所』ＮＰＯ法人ハンズオン埼玉、二〇〇五年

私は、二〇〇四年の秋から一年間をかけて、埼玉の自治体職員やＮＰＯの人たちと公共施設の市民による運営についての自主研究会を組織し、あちこちの魅力的な施設や場所を訪問しては、あれこれ論じ合いました。二〇〇五年の暮れ、その結果を一冊の本にして出版しました。本稿は、この本を下敷きに書かせていただきました。

「とる責任」「とらされる責任」については、天野秀昭『日本冒険遊び場協会ニュース22号』（二〇〇五年一月一五日）の論考「モットーは自己責任?!」を参考にさせていただきました。

（にしかわ　ただし）

スウェーデン旅行のなかで見たもの

神田　奈保子

「なんてバランスが取れているのだろう」。スウェーデンに観光と勉強を兼ね訪れた二〇〇七年夏。これは、私が初めてマルメの駅に降り立った際、思った感想です。スウェーデンの南に位置する芸術の都市「マルメ（MALMO）」。二〇〇〇年に対岸のデンマークに橋が架けられ国際的にも名が知られるようになりました。マルメの中心部は、運河で囲まれており、水がキラキラと夏の光を受け輝き、レンガ造りの建造物、木がもつ爽やかな緑、スタイリッシュな雰囲気と歴史を感じることができる場所です。マルメの印象は、現代という〝いま〟と歴史という〝過去〟がバランスよく調和していることです。

レンガの建物が歴史の重みを感じさせる

スウェーデンは、福祉大国として近年世界的に注目を集めています。スウェーデンの手厚い保護は、〝ゆりかごから墓場まで〟という言葉に象徴されるように、子どもから老人までを視野に入れています。国民は、セーフティネット（国民の安定を支える社会福祉制度）により、年金、医療、介護、生活保障を受けられるそうです。国民の生活に定着した税金制度は、福祉国家の基盤を作り上げたともいえます。またスウェーデンの教育面は、〝子どもの自主性〟を尊重する特徴があげられます。人々の生活を保障してきたスウェーデンは、福祉と同様に教育にも〝同じ〟という平等を尊重する国だといえるでしょう。

スウェーデンの教育は、個を尊重することが特徴としてあげられます。障害をもつ児童生徒であろうと、障害がみられない児童生徒であろうとスウェーデンでは〝同じ子ども〟と捉えるそうです。スウェーデンは、「学校教育は平等である」という指導理念を掲げています。平等であることは、どの人も同じように援助を必要としている時に、受けられるチャンスが存在するといえます。日本と同様に、時代に合わせ見直しが必要な点もうかがえますが、まさに、福祉大国として発展してきたスウェーデンならではの教育方針といえるのではないでしょうか。

船と芸術のウォーターフロント

人は、生きていくなかで問題にぶつかる時があります。問題解決には、自己解決できる能力を育てることや、周りからのサポートなどの対応がどの児童生徒にも必要となります。「個人を大切にする」スウェーデンは、「自分のために学ぶ」という考えがあり、一人ひとりに合わせた教育を重視するため、日本の教育との間に文化差を感じます。「個を大切にする」ことや「同じ」という理念を尊重する国だからこそ、自由を効果的に人生のなかに取り込むことが重要です。そのためには、「目的意識」や「自主性」などの個の意味を一人ひとりが成長のなかで見つけていくことが不可欠になってくると考えられます。

今回、私のスウェーデン旅行は、短い時間でしたが、とても有意義でした。スウェーデンにいる知人や日本にいる知人の協力があり、マルメ市内にある大学病院や保育園の視察ができました。

河本佳子先生は、マルメ大学総合病院のハビリテーションセンターで作業療法士として勤務されています。今回、河本先生のご好意により、スウェーデンにおいて障害児が実際にどのようにハビリテーションを受けているのか視察することができました。〝rehabilitation〟の〝re〟は、「復活」や「再生」を意味するため、生まれつき障害をもつ子どもが通う施設では、〝habili〟「適した」、「習慣にする」という言葉を使うそうです。ハビリテーションでは、「元々人より劣る部分があるのならば、子どもの可能性を生かし、他の面を伸ばし劣る部分をカバーできるようにすること。」を大切にし、子どもがもつ力を生かしながら、サポートする体制に重点を置いています。これは、障害をもつ子どもを〝障害児〟としてサポートするのではなく、〝可能性をもつ子ども〟としてサポートしていこうという、子どもを過度に甘えさせない心理的意味を含む〝個と向き合う〟サポート体制だといえるでしょう。

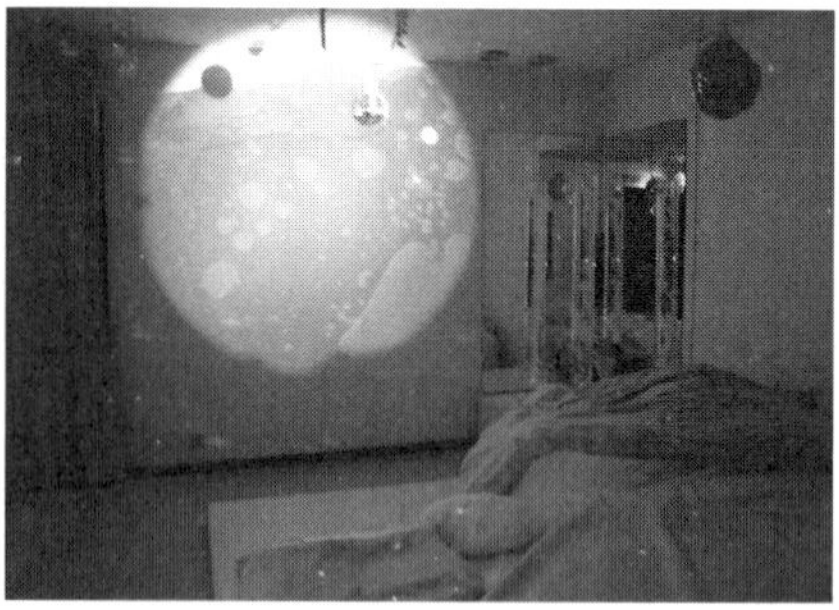
マルメ大学総合病院：スヌーズレン
優しく五感を刺激するリラックスルーム

河本先生は、「障害をもつ子の自立を考えることが、その子どもにとってさまざまなサービス（福祉）につながります」とおっしゃっていました。一人ひとりに合わせたプログラムは、チームを組み対応していくそうです。チームは、作業療法士、医師、技師、カウンセラーなど、子どもを多面的に捉えられるよう配慮しており、どの立場も「子どもを同じ立場で異なる視点でみる」という理想的な形態で動いているということでした。ハビリテーションセンター内には、利用者一人ひとりに合わせ治療器具や車椅子などをメンテナンスする場所、カウンセリングルーム、プール、サウナなどさまざまな施設があり、圧倒されました。

なかでも私が今回衝撃をうけた施設は、「スヌーズレン」です。スヌーズレンは、「人間のもつすべての基本的感覚を刺激し、統合させ、機能させるための環境設定法」といわれています。私がスヌーズレンにもった印象は、〝人間の感覚のバランスを取るためのメンテナンスの場所〟ということです。今回は、〝ホワイトルーム〟〝アクティブルーム〟を見ることができました。〝ホワイトルーム〟とは、リラクゼーションが目的とされている部屋であり、白が基調とされ、環境音楽や優しい照明、人肌の体温設定のウォーターベットなどが設備されています。実際には、身体や精神に障害をもつ子どもだけでなく、職員や大人もこの部屋を使うそうです。今では、タイムアウトの場所としても活用され、病院だけでなく保育園や教育の場にも設けているところが多くなってきたという話でした。〝アクティブルーム〟は、全体的に照明が落としてあり、ブラックライトなどの工夫が見られ、ボールプールや蛍光塗料で塗られているおもちゃなどが用意されています。照明を落とすことは、興奮した〝動〟の状態をコントロールすることが難し

マルメ大学総合病院：アクティブルーム。暗闇のなかで感じる感覚

マルメの保育園：保育園内のスヌーズレン。子どものかわいらしさを取り入れたスヌーズレン。

い子どもにとって効果的であるそうです。子どもたちは、宇宙のような空間で思いのままに遊べるということでした。スヌーズレンは、目的が重要であると河本先生はおっしゃっていました。目標を明確にすることで、スヌーズレンの効果が現れるといえます。私は、スヌーズレンの視察を通し、日本の教育現場や子ども、子どもを取り巻く環境にスヌーズレンのような考え方や場所がこれから必要になるように感じました。

スウェーデンでは、一八歳ごろになると子どもが〝自立〟できるように、それまでの成長を大人や地域がサポートをしていくそうです。河本先生は、「自立の意味は難しいです。スウェーデンでは、自分で考えて判断し進んでいくことが〝自立〟の一つです。これは障害をもつ子どもにも同じこと。」とお話しされていました。河本先生とスウェーデンで出会えたことは、私にとって大きな影響があったと感じています。

また、マルメの保育園へ、知人の好意により訪問をすることができたことにも、とても感謝しています。

「仕事は、大変?」これは同年齢の保育士さんに聞いた質問です。「大変なんて思ったことないかな。楽しいよ」笑顔で返事が返ってきました。

スウェーデンや北欧では、教師とは尊敬される存在といわれるほど、社会的に人気が高い職業だそうです。スウェーデンにおいて教師になるためには、勉強に勉強を重ねるという高い能力の習得が必要になります。教師になってからも、自己研修など自分のスキルを社会と共に変化させていくそうです。私が質問した保育士さんも「去年まで勉強していたの。授業とは別にインターンもたくさん受けていたんです。憧れていた仕事だから」と話していました。勤務時間は、日本の保育現場と同様に長時間であり、保育内容からも重労働だと考えられます。「指導内容や指導案はありますか?」と副園長に質問した際、副園長が不思議な表情をし「指導案?基本的には、曜日によって何ができるかは決まっているけど…」と保育の流れを話してくれました。副園長は、「子どもには、自由を大切にしてほしい。自分で活動を見つけて多くのことを学んでもらいたいと思っているの。それをサポートするのが難しいけど、とても大切だと考えています。」とおっしゃっていました。

「大変なんて思ったことないかな。」と笑顔で返ってきた返事の背景には、スウェーデンの文化が育ててきた「自分のために学ぶ」という意識や「個を大切にする」体験・次世代に伝えていく気持ちがしっかりと反映しているように感じました。

スウェーデンは、夏の短い期間にしか暖かい太陽の光を浴びることができないそうです。私が訪れた時は、日向ぼっこをする人々の姿が公園の至る所で見受けられ、スウェーデンの冬の厳しさが想像できました。スウェーデンは、厳しい自然環境のなかで作り上げてきた文化をもつ国だからこそ、福祉の考え方を含め自分も他人も支えあって生きていく道を探し続けてきたのかもしれません。

今回の旅行は、自分にとって素敵な時間となり、スウェーデンの魅力を学べたこと、多くの出会い、そしてこのように人に紹介できる機会を設けるという旅の終着点を見つけることができたことに喜びを感じています。

(かんだ　なおこ)

現代の格差と貧困
——一人親世帯の生活と子ども

井上 恵子

少子化問題が格差社会のなかで深刻です。厚生労働省「人口動態統計」で二〇〇七(平成一九)年の年間出生推計は約一〇九万人、自然増加数は、一万六〇〇〇人ほどであることが発表されました。また、国勢調査で一九九五年と二〇〇五年を比較すると、夫婦のみの世帯が一七・四%から一九・六%、単独世帯が二七・四%から三二・一%に増加しているのに比べ、夫婦と子ども世帯は三七・八%から三一・四%と減少しています。さらに総務省の「人口推計」等によれば二〇〇七年三月時点での総人口に占める年少者(一五歳未満)の割合は一三・六%、一人親世帯が全世帯数の八%から九・三%に増加していることがわかります。そしてこのことは離婚問題とも関連して個人化の流れが急速に進んでいることを裏づけてもいます。人口動態統計にみる婚姻件数に対する離婚件数の比率も既に明治民法制定時を超えている現状から、何らかの対策が求められています。

この問題を一人親世帯(特に母子世帯)の生活実態から考えてみましょう。二〇〇六(平成一八)年度の

「全国母子世帯など調査報告」によれば父子家庭の六割が持ち家を所有するのに対し、母子世帯では母名義の住宅は約一割にすぎず、就労収入も父子世帯の二分の一に満たず（一六〇～一七〇万円）、また年収も一般世帯の三割ほどである実態が指摘されています。さらに四分の一ほどの母子世帯は無職であり、四割ほどの常用雇用者を除き、約半数の世帯が収入の問題から子どもの教育進学の悩みを抱えていることも多くの調査から明らかにされています。また、厚生労働省雇用均等・児童家庭局から出された同年度末の統計資料で児童扶養手当法にもとづく手当の実施状況をみると、前年度年収一三〇万円未満に支給される児童扶養手当の平成一七年度末の受給者数は九四万人、対象児童数は一四五万人ほどです。そして福祉資金の貸付は約六万件、たばこ販売等自立促進事業についてはわずかに三〇〇〇件を数えるに過ぎません。ユニセフが行った調査（二〇〇〇年）による一人親世帯の子どもの相対的貧困率は約六割でしたが、以上のような数値からも一人親の多くの子どもたちが貧困のなかであえいでいることがわかります。このように一人親世帯の問題には主たる家計者であり養育者であるにもかかわらず、自立が困難な女性の問題がすけて見えるのです。

二〇〇二（平成一四）年の「母子及び寡婦福祉法」ならびに「児童扶養手当法」などの改正により、就業自立に向けた総合的な支援が一人親家庭に求められ、翌二〇〇三（平成一五）年には「母子家庭の母の就業支援に関する特別措置法」が五年間の時限立法として制定されました。しかし雇用の確保も十分に進まないなかで児童扶養手当の削減の問題もあり、より実効性に富んだ法律の制定をめざして同法は二〇〇八年三月に失効しています。

主として女性の労働に適用される法令には男女雇用機会均等法、育児介護休業法や労働者派遣法、パート労働法等があります。そしてこれらは一九九五年の日経連報告書の意向も反映してしばしば改正され、現在の労働者派遣法とパート労働法のもとで一部の企業を除き非正規雇用が拡大しています。その数は一六〇〇万人（全女性労働者数二三〇〇万人ほど）を超え、実に四〇歳代の女性たちでは約七割がパート的雇用です。本年四月に改正されたパート労働法（略称）では正社員と同様なパート（その数わずかに過ぎません）に差別的な待遇を禁止し、正社員への転換機会を義務づけましたが、どれほど実効性があるでしょうか。またワーク・ライフ・バランス（仕事と生活の調和）も説かれていますが、それは夫婦で条件と理解が可能な層にしか浸透せず、独身者や一人親はすでに除外されています。一部の女性の労働を男性と同様に引き上げる傍ら、その多くを補助的労働に固定し、さらに生きるのが困難な底辺層をつくるという分断階層化の流れをここにみることができます。DV問題や虐待の増加、養護施設で暮らす社会的に排除された子どもたちの背景には、親子がともに生きることが可能な社会システムが今日の社会に対応して構築されず、格差ばかり拡大する社会構造上の問題があるのです。

二〇〇八年四月に経済財政諮問会議で検討された「新雇用戦略」（案）の女性の雇用戦略をみると、二二歳から四四歳までの就業率を二〇一〇年の目標値として六五・五％から六五～六八％に増やすことを掲げていますが、それ以上の年齢層については明記されていません。そして母子家庭は生活保護受給者や障がい者とともに別枠組で扱い、就職率は五三％から六〇％に増加とされていますが、そこには戦後の高度経済成長を支えた夫婦のそろった平均的家族のなかでのみ女性の労働は成立するという感覚が生きています。さらに六〇歳以上の高齢者の雇用については退職者を対象とするがゆえに、四五歳以上六〇歳未満の女性たちへの就労支援がなければその年齢層の特に一人親世帯の生活は不安定となり、子どもに学歴をつけることも不可能になるのです。就業支援として就業相談、職業能力開発、常用雇用に向けた支援などが一人親には二〇〇三年度以降に創出されてきましたが、常用雇用への転換は二〇〇六年にわずか三三件に過ぎないという現実は何を物語っているのでしょうか。

そしてこのシステムはその母たちの高齢期の生活にも影響を与えます。二〇〇五（平成一七）年改正「国民年金法」ではその目的を「日本国憲法第二五条第二項に規定する理念に基づき、老齢、障害又は死亡によって国民生活の安定がそこなわれることを国民の共同連帯によって防止し、もって健全な国民生活の維持及び向上に寄与する」（第一章第一条）としています。それにもとづいて厚生年金法が改正され離婚時の厚生年金の分割が可能になりました。二〇〇七年度より合意分割、二〇〇八年より三号分割が可能になり、基礎年金に加えて老齢厚生年金が分割支給されて、妻のみならず事実婚の場合にも適用されることとなりました。しかし今までの離婚には適用されません。長きにわたり家族を支え続け一人親となった母に何の支給もないというこの法律の不備な点を、就労の問題も絡めてどのように考えたらよいのでしょうか。「骨太の方針」にはきめ細やかな生活者の視点が求められます。

子どもを育てるためにいくつもの職を掛け持ちして体を壊す、また多少であっても財産を使い果たしたとき、母である女性には高齢期の貧困が待ち受けています。また貧困生活のなかで生きる子どもたちには底辺をさまよう未来が待ち受けています。女、子どもの問題はわが国では長いこと家の存続の為に隠され続けてきました。そのシステムにメスが入らぬ限り少子化は進み格差社会も進展します。子どもたちの豊かな育ちを見守る立場から、彼らのエンパワメントとワークフェアに結びつくさらなる施策が進展することを期待したいものです。

（いのうえ　けいこ）

執筆者たちの横顔

…この本を書いた人たちの横顔をちょっとずつご紹介します。それぞれの活動の背景にある、素顔が垣間見えるかも⁉

Q1 子どもの頃の夢は？
Q2 お気に入りの遊びはなんでしたか？
Q3 自分を動物にたとえると？　またそれはなぜですか？
Q4 現代の子どもだったらはまりそうな遊びはなんですか？
Q5 好きな言葉は？
Q6 なくて七くせ、あなたのくせは？
Q7 五年後、一〇年後……なにをしていると思いますか？

《実践執筆者》

則松《のりまつ》和恵《かずえ》

Q1▼新聞記者だったり、スチュワーデスだったり、映画で見るかっこいい女性の職業に憧れていましたね。

Q2▼小さい時はままごとやごっこ遊びが多かったようです。まだまだ子どもの本は少なくて、大人の目を逃れて大人の本を読むこと。

Q3▼うさぎ。干支だからかな？

Q4▼おしばいごっこ。

Q5▼野の花。

Q6▼ぼんやりぼーっとすること。

Q7▼野の花館に来る子どもたちと本を読んだり遊んだり……。おやつを作ったり……していたいなあ！

吉成《よしなりのぶお》信夫

Q1▼医者ですかね。野口英雄伝を読んで、でもその後も毎年、クルクル変わっていたなあ。外洋航路の船乗り（帆船）にはなりたかったです。でも大の算数嫌いだったのですぐあきらめました。あまり泳げないのに、海賊にあこがれてもいたような……。だからパイレーツ・オブ・カリビアンにははまります。

Q2▼缶けり。雨が降らない限りはつねに缶けりをしていました。泥投げ戦争も。いたずらは限りなくたくさん。頑固爺さんをからかうのが大好きでしたので、今頃、良心の呵責にかられたりしますね。

Q3▼犬でしょう。犬を見ていると、散歩のときクンクン鼻をかぐでしょ、あれは人間の私もやっています。犬だった頃の名残り？　でしょうか。

Q4▼やっぱ、缶けりといたずらでしょう。

Q5▼「高く遠くへ飛ぼうとするものは、助走距離が長い。」（むのたけじさん）。自分が悩んでいた時にこの言葉と出会って、いまは先が見えなくても、助走しているんだと心底思えたから。

Q6▼無類のお人と言われます。気分屋です。えらそうなおとなには断固として楯突くのも、やるでしょうね。これは子どもの頃から変わらないです。

Q7▼まるでわかりません。私の場合、ひととの出会いというか縁で、常に変わり（自己変容させられ）続けてきたので。でも、岩手に、森と風のがっこうに居ることは変わらないと思います。

渡部達也《わたなべたつや》

Q1▼小学校の卒業アルバムには「喜怒哀楽の人生」と書いてあります。ませガキですね。

Q2▼ろくむし（三角ベース野球）、でこでこさんし（肉弾戦遊び）、チャリンコ暴走族。

Q3▼んー考えたことありませんが、自分の巳年蠍座という強烈な星を結構、自分ぽいと気に入っています（笑）。

Q4▼ドラム缶風呂。

Q5▼粗にして野だが卑ではない。

Q6▼娘には「お父って、相手の話に相槌を打つ場面で、相手の台詞を繰り返すよね」と言われます。

Q7▼その時その時に向き合っている子どもたちに導かれて（迎合してではなく）活動をしていたいですね。

の～びる保育園　肥後知子《ひごともこ》

Q1▼お花屋さんになること（家が自営であったため、人とやりとりをすることが好きでした）。

Q2▼草花の色をだして、石や紙を染めたり、三輪車をひっくり返して焼き芋やさんをして遊んでいました。

Q3▼くま　動くときに動いて、休む時に休むから。

Q4▼現代の子どもたちの遊び……と考えてみると、一番にゲームが思い浮かびます。ゲームや機械関係は、得意ではないので、あまり熱中しないかなぁと思います。

Q5▼初心忘るべからず　何事にも振りかかる原点をもち、感謝の気持ちや未来への喜びを大切にしていきたい。

Q6▼何かを伝えたり、表現しようとする時に、その人の真似やそのものの身振り手振りをすること。

Q7▼仕事や育児の先が見えはじめ、本を読んだり、絵画鑑賞をするなど、今までとまた違う時間の使い方ができること……を楽しみにしています。

小林《こばやし》夕《ゆ》紀《き》恵《え》

Q1▼学校の先生です。自分にとって両親以外で一番身近な大人だったから憧れてました。すごく素敵な先生との出会いも大きかったです。

Q2▼缶蹴りが大好きでした。あとは土手が目の前にあったので段ボールですべったり、花かんむりを作っていました。

Q3▼ねこ　人がいないと生きていけないくせに、人にこびるのが苦手なかんじですかね。

Q4▼ネイルアートしてみたり、ファッションに興味をもっていると思います。ゲームとかは苦手で……。

Q5▼〝ありがとう〟を言える人が〝ありがとう〟を言われる人になる。

Q6▼いつも鼻のてっぺんをさわっている。あとは、髪の毛をゆびでくるくるしてます。

Q7▼五年後は、ヴェトナムとかカンボジアとかで、現地の人と一緒に教育に関係をした活動をしていられたら幸せです。一〇年後は、日本でフェアトレードでもしながら、大人も子どもも集まってきたくなるような空間の中にいられたら幸せです。

《編集委員》

阿《あ》比《び》留《る》久《く》美《み》

Q1▼うーん、「夢は?」って聞かれると困っちゃう子どもでした。

Q2▼ひなたぼっこをしながら、陽の光できらきら光るほこりや綿毛をみること。

Q3▼痩せたコアラ。チョコが好きで、意外に獰猛だから。

Q4▼まんが。

Q5▼馬には乗ってみよ、人には添うてみよ。

Q6▼口ぐせが多いです。「そうだ、そうだ」と同じことを2回言ってしまう。

Q7▼今と変わらず、恋に（?）、仕事に（?）試行錯誤しつづけてると思います。なにをしていても、若者とはずっとかかわっていたいです。

安《あ》倍《べ》大《だい》輔《すけ》

Q1▼小学校の時はマンガ家とサッカー選手。でもどちらも才能が無いと気づき早いうちに断念しました。中学校の時は小学校の先生になりたかったです。理由は子どもにサッカーを教えたかったから。

Q2▼夏はケイドロ、ザリガニ釣り、ポコペン。近所に公園や原っぱが多かったので、割と外遊びが多かったです。北海道なので、冬はミニスキー（プラスティック製の子ども用スキー）や雪合戦、かまくら作りをしていました。

Q3▼熊。間違いないです。ズバリ見た目です。誰もがそう言います。ちなみに父も熊です。

Q4▼収集癖があるので「遊戯王」にはまると思います。

Q5▼生きるとは呼吸することではない。行動することだ。（ルソー）

Q6▼左の耳たぶを触る（ピアスの穴が気になります）

Q7▼五年後……何とかクビにならずに仕事を続けていたいです。一〇年後……子どもの運動会で本気で走るような父親。

井《い》上《のうえ》恵《けい》子《こ》

Q1▼お嫁さん—そんな時代でした。晴れ姿にあこがれただけです。

Q2▼秘密基地づくり—近所の女の子三、四人でさまざまなものを持ち寄りできた仲間だけのプライベートルーム。大人に手伝われた男の子の基地と張り合った、ギャングエイジのころの思い出です。

Q3▼モルモット—そんなところでしょう、たぶん。

Q4▼ブロックス—陣取り気分で楽しい！

Q5▼生涯現役。（こんな人ばかりだから、世の中生きずらいのです。）

Q6▼はてさて何でしょう。

Q7▼はっ。生きているかしら？—子どもや若者に囲まれて元気をもらっている。（そ～んな年ではない！）

神《かん》田《だ》奈《な》保《ほ》子《こ》

Q1▼キティーちゃん（三歳）バレリーナ（一〇歳）色々でした。

Q2▼けいどろ・一輪車。

Q3▼トリです。顔がトリに似ているらしい（笑）。性格は、ネコですね。

Q4▼おもちゃの携帯を使っておままごと。

Q5▼自分らしく自分なりに。

Q6▼考えると、「何ていうんだろ」と言ってしまうところ。

Q7▼今の自分を思い出して、「あの頃の自分に負けてたまるか。頑張るぞ」と色々なことに挑戦していると思います。

栗山《くりやま》 究《きわむ》

Q1▼小学生のころは、世界各地で貢献している青年海外協力隊の人に、あこがれていました。

Q2▼幼稚園のころは、男の子たちのグループの遊びにはどうしてもついていくことができませんでした。そのため、女の子たちのグループにばかり入って、一緒に遊んでいました。

Q3▼「クマ」です。一生懸命に活動するには、冬眠が必要だから。

Q4▼元気に外でサッカーなどのスポーツをして、はしゃぎまわりたい！

Q5▼「努力」。現在では意味深長な言葉になりましたが……。

Q6▼人前なのに沈思黙考したり、おとなしくふるまってしまうこと……。

Q7▼働いていたいです……研究室をもちたい！

鈴木《すずき》智子《ともこ》

Q1▼あまり覚えていません……。

Q2▼近所の子どもたちと鬼ごっこ・魚釣り・川遊びをしたり、校庭で一輪車の練習をしたりしたことなどをよく覚えています。

Q3▼スローな動きが「なまけもの」に似ていると思います。人には草食動物っぽいので「きりん」と言われたこともあります。

Q4▼「スーパーマリオ」は今も昔もはまりました。今ならニンテンドーDSでしょうか。

Q5▼「明日は明日の風が吹く」でしょうか。

Q6▼話すときに言葉の語尾を延ばしたり、笑い口調になったりしているそうです。人に言われるまで気づきませんでした。

Q7▼その時に誰かが私に必要としてくださることをしているのではないかと思います。研究・仕事でもそれ以外でも。

深作《ふかさく》拓郎《たくろう》

Q1▼医師か特急列車の車掌さん。救命救急の医師に憧れていました。

Q2▼春：自転車で遠出、夏：虫取り、秋：ハゼ釣り、冬：鬼ごっこ。

Q3▼頑固で感情表出が下手、さみしがりや、愚痴っぽい……うーむ、羊かな？

Q4▼ネットかWii。でも、恐らく野山を駆け回っていると思います。

Q5▼お互い様　♪また逢おうよ　君のことは忘れない♡

Q6▼電話の声がでかい！　ふと「ふっ」と言ってしまうこと。

Q7▼午前はママたちの……、午後は小学生……、夜は中高校生と大人たちの……、ライブもできるカフェ兼居酒屋兼溜まり場を経営してみたい。たぶん儲からないだろうけど……。

星《ほし》野《の》一《かず》人《と》

Q1▼日本の鉄道全線乗りつぶし……ぐらいしか考えてなかったです。

Q2▼ゲームも相当やりましたが、外遊びではバットを使わない「手打ち野球」。

Q3▼働きバチ……最近の自分を省みるとそんな気がしてくるので。

Q4▼やはり携帯型ゲーム機は手放せないでしょうね、きっと。

Q5▼「気楽にやる」コラム執筆者の佐藤修さんがよく使われている言葉です。

Q6▼くせというか、とにかく歩くのが速いですね。だから革靴は性に合いません。

Q7▼まあ、今以上に仕事に追われていることだけは間違いないでしょうね……。

松《まつ》井《い》　茜《あかね》

Q1▼小学校の先生。幼稚園の頃からの憧れでした。七夕の短冊にはいつも「小学校の先生になれますように」と書いていました。

Q2▼虫探し・虫いじり。公園や空き地にカブトムシ、チョウ、トンボなどたくさんの虫が生きていました。だんご虫を長靴いっぱいに集めて持ち帰ったり、家の中でカマキリの卵を孵化させて怒られたり。ここでは書けない悪いこともたくさんしました……。

Q3▼犬。犬顔だとよく言われます。

Q4▼作ることが好きなので、マンガを読んだり、描いたりしてそうです。ゲームはやらないかなぁ……。

Q5▼夜明け前がいちばん暗い。つらい時、苦しい時には、夜明けを夢見て頑張ります。

Q6▼主語なく話すことでしょうか。

Q7▼今まで以上に、恋に（?）仕事に（?）頑張っていることと思います。ただやっぱり体にはガタが来ると思うので、時々整体になんか行ったりして、ケアをしているのではないかと思われます。

なぜ，今「子育ち支援」なのか
――子どもと大人が育ちあうしくみと空間づくり

2008年 8 月25日　第1版第1刷発行
2009年12月25日　第1版第2刷発行

編著者　子育ち学ネットワーク
深作　拓郎
星野　一人　他

発行者　田中　千津子
発行所　株式会社　学文社
〒153-0064　東京都目黒区下目黒3-6-1
電話　03（3715）1501 ㈹
FAX　03（3715）2012
http://www.gakubunsha.com

印刷　新灯印刷㈱

ISBN978-4-7620-1866-4